영화관에 가지 않는 날에도

도시공간 2

이미화 에세이

영화관에 가지
않는 날에도

SUNDRY PRESS

2
Cinema

프롤로그
그들 각자의 영화관

일요일 저녁. 우장산역에서 전철을 타고 영화관에
도착했다. 손에는 노트북이 든 가방 달랑 하나뿐.
다른 목적은 없다.

이 문장은 알랭 드 보통의 책 『공항에서 일주일을』의 도입
부를 패러디한 문장이다. 알랭 드 보통은 런던 히드로 공항 터미
널의 소유주로부터 공항의 첫 '상주 작가'가 되어달라는 초청을
받는다. 공항에서 매 순간 이루어지는 만남과 이별이 작가만의
정제된 언어로 아름답게 표현되기를 소망한 어느 문학 덕후 부
자의 프로젝트랄까. 문학은 가난한 인간을 구원하고, 작가는 부
유한 인간에게 구원받는다.
　영화관의 첫 '상주 작가'로 초청받지 못한 나는 영화관 소
유주의 의사와는 상관없이 멀티플렉스 로비에서 글을 써보기로

했다. 초대는 못 받았지만 영화관에 대한 글을 써야 하니 드 보통의 기분 정도는 내 보고 싶었기 때문이다.

손에는 노트북이 든 가방 하나 달랑 들고, 가장 가까운 멀티플렉스 로비에 앉아 영화관의 풍경을 눈에 담았다. 키오스크에서 예매한 표를 발권하는 사람, 휴대폰을 들여다보며 영화 시간을 기다리는 사람, 콜라를 손에 들고 상영관을 찾아 두리번거리는 사람, 화장실 앞에서 일행을 기다리는 사람, 딱히 궁금하지도 새롭지도 않은 풍경들. 활기와 건조함이 묘하게 공존하는 공간에서 익숙하지만 어색한 시간을 보내다 보니 잊고 있던 사실 하나가 떠올랐다. 아, 나 영화관 안 좋아하지.

그러니 내가 알랭 드 보통처럼 영화관을 협조적으로 묘사하기엔 무리가 있었다. 뭐, 알랭 드 보통도 공항을 좋아하지 않았을지도 모르지만 5성급 호텔에서 숙식까지 제공받는 한 좋아하게 될 수밖에 없을 거다. 이렇게 된 이상 나도 나의 고용주에게 취재를 위한 숙식과 영화관 자유이용권을 요청해볼까 싶었지만, 멀티플렉스의 알랭 드 보통이 되는 대신 나는 다른 방식을 택하기로 했다.

영화 〈그들 각자의 영화관〉은 칸 영화제 60주년을 기념해 '영화관'하면 떠오르는 느낌을 주제로 역대 황금종려상 수상 감독 35인이 만든, 3분짜리 스케치 33개를 묶은 옴니버스 영화다. 이 기념비적인 영화를 감상할 수 있는 곳은 한국영상자료원의 영상도서관 뿐이다. 한국영상자료원은 문화체육관광부 산하 공공기관으로 2007년 상암에 문을 열었다. 한국영상자료원 건물

지하에는 국내외 고전영화를 상영하는 시네마테크가, 1층에는 한국영화의 역사를 둘러볼 수 있는 한국영화박물관이 상시 운영되며. DVD를 관람할 수 있는 영상도서관은 2층에 있다.

영상도서관 입구에 소지품을 맡긴 뒤 사람들이 드문드문 자리한 비디오 열람석에 앉았다. 의자에서 삐걱거리는 소리가 나는 게 방해가 되진 않을까 신경이 쓰였지만 헤드폰을 낀 채 각자의 영화에 집중하고 있는 사람들을 보니 안심이 됐다. 평일 오전에 영상자료원에서 영화를 보는 사람들은 어떤 사람들일까. 노트에 무언가 받아 적는 소리가 들려오는 걸 보니 시나리오 작가가 있을지도 몰랐다. 고전영화에서 모티프를 얻으려는 영화감독 지망생이 있을지도 모르고. 즐거운 상상을 뒤로하고 이제는 내 영화에 집중할 시간이었다. 예약 시간 종료까지 두 시간밖에 남지 않았는데 잘못하면 영화의 엔딩을 보기도 전에 쫓겨날 수도 있기 때문이었다. 자세를 고쳐 앉아 헤드폰을 끼고 DVD를 재생시켰다. 화면에 'Chacun Son Cinema'라는 글자가 떠올랐다. 그들 각자의 영화관.

잠깐. 한 공간에서 서로 다른 영화를 보는 영상자료원의 풍경이야말로 '그들 각자의 영화관' 아닌가? 내게 영화관을 주제로 한 옴니버스 영화를 만들 기회가 주어진다면. 한국영상자료원의 문을 여는 장면부터 찍어야지. 〈그들 각자의 영화관〉이 제작된 2007년의 칸이라면. 그런 작은 모니터로 영화를 보는 곳이 무슨 영화관이냐며 한 소리 들을지도 모르겠다. 알폰소 쿠아론 감독이 영화 〈로마〉를 넷플릭스를 통해 개봉했을 때도 "플랫

폼에서 공개하는 영화는 영화가 아니"라는 입장을 고수한 게 칸이니 말이다. 시계를 보니 벌써 10분이 지나 있었다. 이런, 이러다 정말 뒤에 몇 작품은 못 보고 쫓겨나겠는걸?

영화관 팻말을 '매진'으로 바꾼 뒤 혼자서 고요하게 영화를 즐기는 영화관 직원(〈어둠 속의 그들〉), 시골 작은 마을에서 영화가 상영되기만을 기다리다 잠이 든 아이들(〈영화 보는 날〉), 과거의 부흥을 뒤로하고 이제는 폐허가 된 영화관 건물(〈전회 영화관〉), 이스라엘 공습경보로 한순간에 전쟁터가 되어버린 영화관(〈하이파의 디부크〉), 영화관 무대 조명에 맞추어 춤을 추는 무당벌레(〈무당벌레〉), 칸 영화제에 초대받은 신인 감독이 47년 후 같은 자리에서 특별상을 수상하고는 "이 순간을 위해 47년을 기다렸어요. 젊은이들에게 꼭 이 얘길 하고 싶군요. 기다려라, 그럼 올 것이다."라는 소감을 말하는 징그러운 세리머니(〈47년 후〉), 영화 보는 내내 말을 붙이던 옆 사람을 망치로 찍어 죽이는 살인자(〈그 남자의 직업〉), 스크린 속으로 걸어 들어가 해변의 여인과 키스하는 영사 기사(〈첫 키스〉). 배경이 영화관일 뿐, 장르도 주제도 등장인물도 전혀 다른 33편의 스케치.

DVD를 반납하고 나오면서(결국 뒤의 8편은 보지 못했다) 내가 써야 하는 글을 떠올렸다. 내가 써나갈 영화관에는 영화를 기다리는 사람이나 팝콘을 사려고 줄을 선 사람은 없을지도 모른다. 대신 이런 이야기는 담을 수 있겠지. 칸에서는 기겁할지도 모를 각양각색의 영화관과, 영화와, 영화라는 꿈에 관한 이야기. 그들 각자가 영화관이 된 사람들의 이야기.

　한국영상자료원 건물 1층에 있는 영화박물관에서는 〈21세기 한국영화 웰메이드 영화의 시대〉 전시가 진행되고 있었다. 곧바로 돌아가기 아쉬워 전시를 관람하려니 사전 예약 없이는 입장할 수 없다고 했다. 이제는 어딜 가나 사전 예약이 필수인 시대가 되어버렸다. 전시를 못 보는 걸 코로나 탓으로 돌리고 싶지만 입장이 자유롭던 때에도 놓친 전시가 한둘이 아니었다.

　그러고 보니 작년이었나. 한국영화 100주년 기념으로 전시가 열렸던 게 기억났다. 한국영화의 100년 역사 속에서 욕망에 충실하고 사회의 억압에 저항했던, 소위 '나쁜 여자'로 불리던 여성 캐릭터에 관한 전시였다. 2019년은 내가 한창 영화책방35mm를 운영하며 영화 관련 행사를 하던 때였는데 어떻게 한국영화 100주년을 조용히 지나갈 수 있었을까? 한참을 곱씹어 보는데 누군가의 얼굴이 스쳤다. 서이제. 내가 아는 사람 중 유일하게 100주년 행사에 참여한 사람이었다.

500원짜리 판권

한국영화 100주년이었다. (...) 한국 독립·예술영화의
관객 점유율은 1퍼센트 대 초반에 불과했다. 여전히
근로계약을 맺지 못한 채 일하는 영화인들이
있었고. 나는 한국영화 100주년을 맞이하여 영화를
그만두고 싶었다.
　　―서이제. 「0%를 향하여」

　서이제의 소설 「0%를 향하여」는 한국영화 100주년에 영
화를 그만두고 싶어진 '내'가 영화를 그만두고 강릉에서 사진
스튜디오를 차린 석우를 만나 물회를 먹는 장면으로 시작한다.
'나'의 동기인 규현은 방과 후에 아이들에게 영화를 가르친 돈으
로 영화를 찍고, 상진이는 욕을 하면서도 매년 영화제를 찾는다.
지혜는 영화 입시 학원에서 아이들을 가르치며 시나리오를 쓰

고 선아는 이러나저러나 영화를 계속 찍는다. 습관적으로 영화를 그만두겠다고 말하는 애들, 그렇게 말하고 진짜로 그만두진 않는 애들, 영화를 찍을 때에야 겨우 자신을 영화감독이라고 믿을 수 있는 애들, 영화를 찍으려면 돈을 벌어야 하고 돈을 벌다 보면 작품을 쓸 시간이 없어서 영화를 찍을 수 없는 애들이, 영화를 하지 말아야 할 이유가 너무나 많고 그 이유를 잘 알고 있음에도 이상하게 계속 영화를 하고야 마는 인생에 대해 이야기한다.

> 나 사실 그때 내가 세련된 줄 알았다? 영화나 예술에
> 대해 많이 안다고 생각했으니까. 에이 촌스러운
> 새끼. 그래도 나 지금 많이 멋있어졌지? 나 노력
> 많이 했다. 석우는 자기 자신을 귀여워하다가,
> 갑자기 자신을 한심해하다가, 갑자기 자기가
> 멋있어졌다고 했는데, 그래서인지 조금 미친놈
> 같아 보였다.
> —서이제, 「0%를 향하여」

"석우 캐릭터에 안다훈을 조금 투영했어요. 스무 살 때 자기가 세련된 줄 알았다고 말한 거랑 사진관 아들인 거."

대학에서 영화를 전공한 서이제는 등단작 「셀룰로이드 필름을 위한 선」에서도 영화를 만들고 싶어 하는 청년들의 에피소드를 담았다. 서이제가 동기들과 밤새 나눈 이야기들이 소설에

생생함을 더했을 터였다. 나의 반려인 안다훈은 서이제의 대학 동기이자, 사진관 아들이다. 영화학원에서 아이들을 가르친 돈으로 독립영화를 찍다가 지금은 상업영화 현장에서 일하며 다음 작품을 준비하고 있다. 그러니까 안다훈은 석우이면서, 규현이자 상진이며 지혜이고 선아였다. 연출부로 일하고 있는 상업영화의 크랭크인 이후로 일주일 만에 귀가한 안다훈에게 석우의 대사를 들려주었더니 자기가 한 말이 맞다고 했다. 내심 뿌듯한 눈치길래 "그래서 조금 미친놈 같아 보였다는데?"라고 했더니, 그럼 자기가 확실하다고 했다.

안다훈은 졸업 후에도 학교를 떠나지 못하고 예대 앞 카페에서 아르바이트를 했다. 서이제는 등굣길에 카페에 들러 밤사이 쓴 소설을 안다훈에게 건넸다. 안다훈은 커피를 내리는 틈틈이 서이제의 소설을 읽었다. 문장 흡수력이 빠른 안다훈은 서이제의 문체를 그대로 흉내 내면서 소설의 어디가 얼마나 어떻게 좋은지 일러주었고, 거래라고 하기엔 좀 매정한 구석이 있지만, 그 댓가로 안다훈은 서이제의 소설 중 원하는 작품의 판권을 500원에 살 수 있는 약속을 받아냈다.

호스티스 영화°의 붐이 몰아쳤던 1970년대 중반, 문학을 원작으로 한 작품들이 대거 흥행했다. 특히 이장호 감독의 영화 〈별들의 고향〉은 호스티스 영화의 유행을 한국 영화산업의 트렌드로 자리 잡게 했다. 이장호 감독은 원작 소설인 『별들의 고

°   1970년대에 생산되던 영화 장르로 사회적 신분이 낮은 여성의 사랑 이야기를
    그린 영화를 일컫는다.

향』을 쓴 최인호 소설가와 국민학교부터 알고 지낸 막역한 사이였는데, 『별들의 고향』이 신문에 정식 연재되기도 전에 동생의 대학등록금을 판권료라며 최인호의 집에 던져놓고 나왔다. 당시 초짜 감독이었던 이장호의 고집에 이기지 못한 최인호는 전화를 걸어 이렇게 말했다. "야, 이 새끼야! 구워먹든지 삶아 먹든지 네 마음대로 해! 난 더는 상관 않겠어!"° 단행본으로 100만 부 넘게 팔린 베스트셀러의 판권이 데뷔도 안 한 29세 청년에게 넘어간 순간이었다.

"에이, 안다훈이 정말 500원에 사겠어요? 안다훈이 500원을 주고, 나머지는 제작사에서 부담하겠죠." 서이제는 다 계획이 있는 친구였다.

서이제는 첫 소설집에 반드시 독립영화에 대한 소설을 수록하고 싶었다고 했다. 한국영화 100주년이었고, 독립예술영화관이 모조리 사라져버리기 전에 소설로 남기고 싶었기 때문이라고.

생애 첫 극장인 청주의 쥬네쓰jeunesse시네마, 정동진독립영화제가 열리는 정동초등학교, 한국 최초의 영화 〈의리적 구토〉를 상영한 단성사, 한국영화 100주년 기념 특별전이 열렸던 서울아트시네마, 2012년에 광화문으로 이전한 인디스페이스, 55석의 좌석만을 갖춘 대구 오오극장, 이태원의 단편영화 상영관인 극장판, 평일 아침 텅 비어있는 CGV아트하우스와 롯데시네마 아르떼. 누군가는 고군분투하며 지키고 있을 작고 소중한 극장에서 할머니 관객이 되는 미래를 떠올리며 서이제는 소설을 썼다.

> 아무래도 영화 같은 건, 그만두는 게 좋을 것이다.
> 독립같은 건 꿈도 꾸지 않는 게 좋을 것이다. 미래가
> 없고 (…) 미래가 없고 (…) 미래가 없다.
> ─ 서이제, 「0%를 향하여」

'나'는 석우에게 영화를 그만둘지도 모른다고 말한다. 그만
둘지도 모른다는 건 그만두겠다는 말은 아니라서. 영화를 그만
두겠다며 고향에 내려가 놓고 고향에서 혼자 재미도 없는 독립
영화를 찍은 석우는 가만히 고개를 끄덕인다.

최인호 작가가 쓴 가사를 손에 든 송창식은 앉은 자리에
서 뚝딱 노래를 만들어냈다. 최인호가 극본을 맡은 영화 〈바보
들의 행진〉의 삽입곡 〈고래사냥〉이었다. 답답한 현실 속에서도
고래라는 꿈을 좇는 청춘의 마음을 달래려고 쓴 가사라고 최인
호는 말했다. '자 떠나자 동해 바다로, 신화처럼 숨 쉬는 고래 잡
으러.' 당장이라도 떠나고 싶어지는 후렴구 때문이었는지, 반항
심이었는지 〈고래사냥〉은 금지곡으로 분류되었음에도 어디에서
든 불렸다.²

○   「플래시백 한국영화 100년 "별들의 고향, 내가 찍는다" 최인호 두 손 들게 한
    이장호」, 한국일보, 2019.05.25
⌒   오광수, 「노래의 탄생, 송창식 '고래사냥'」, 경향신문, 2018.08.26

간밤에 꾸었던 꿈의 세계는 아침에 일어나면
잊히지만 그래도 생각나는 내 꿈 하나는 작고 어여쁜
고래 한 마리. 자 떠나자 동해 바다로. 신화처럼
숨 쉬는 고래 잡으러.

목이 터져라 노래를 부르던 7,80년대 청년들은 그래서 고
래를 잡았을까.

다행인지 불행인지, 안다훈은 아직 영화를 그만두지 않은
친구로 서이제 옆에 남아있다. 한국 독립예술영화의 관객 점유
율이 1퍼센트 대 초반에 불과한 이때에 상업영화 현장에서 번
돈으로 자신의 영화를 찍으려는 사람이 아직 한 명은 남아있는
거다. 나는 안다훈에게 묻고 싶어졌다. 영화 같은 건 그만두는
게 맞을 텐데도 그만두지 못하는 속내랄지 있을지 없을지도 모
를 고래를 잡으러 떠나는 심정 같은 것들 말이다.

"서이제 소설 말이야."

어렵게 운을 뗀 내게 안다훈은 대답했다.

"응. 그거 재밌다며. 내가 판권 살까? 500원인데."

누군가 고래를 잡으러 떠나든 말든, 독립영화의 관객 점유
율이 0%를 향하든 말든, 500원을 주고 살 서이제의 소설을 기
다려보기로 했다.

모두 환상이거나 또 다른 현실

여행사를 운영하는 청년이 있다. 1:1 컨설팅으로 고객이 원하는 곳이라면 어디든 맞춤 루트와 가이드를 제공하는 1인 여행사의 사장. "고객님, 이곳은 꼭 가보셔야 해요. 죽기 전에 꼭 가봐야 할 명소라니까요." 그러나 정작 그는 단 한 번도 여행을 떠나본 적이 없다. 여행은커녕 루틴에서 벗어나 본 적도 없다. 매일 같은 시간에 일어나 같은 장소에서 밥을 먹고 매번 다니는 길로만 걸어 다닌다. 주머니에서 빠진 동전이 데굴데굴 굴러가도 평소에 다니지 않던 골목에 떨어졌다면 동전쯤이야 가볍게 포기한다. 평소와 어김없는 퇴근길. 장을 보고 집에 돌아가려는데 놀이터에 앉아 울고 있는 아이를 발견한다. "왜 혼자 울고 있니?" "길을 잃어버렸어요." 바짓가랑이를 붙잡고 늘어지는 아이를 그냥 둘 수 없어 계획에도 없던 골목길 여행을 하게 된 청년.

계속되는 경로 이탈로 혼란한 하루를 보내고 집으로 돌아온 주인공은 침대에 누워 생각한다. '다리가 너무 저려.'

  대학시절 전공 시간에 쓴 시나리오가 떠오른 건 마케팅대행사에서 여행사 **지점의 SNS를 관리하던 때였다. 영화 촬영지와 여행상품을 연결시켜 소개하는 마케팅 업무였는데, 언젠가 가려고 아카이빙해 두었던 영화 로케이션 정보를 나와는 무관한 여행사의 SNS를 위해 소비하고 있던 중이었다. 여행이야 뭐 나중에 가면 되지. 일단 오늘은 야근을 피하는 게 먼저다! 언젠가 나도 갈 수 있겠지? 언젠가. 언제 가... 언제? 그런 생각을 했던 것 같다. 여행을 가지 않는 여행사 사장이나 여행사 SNS를 운영하면서 여행은 꿈도 못 꾸는 마케팅대행사 직원이나 다를 게 뭐냐고.

  늘 영화 속 주인공처럼 살고 싶었지만, 이런 식은 아니었다. 마케팅대행사를 그만두고 유럽행 비행기에 올랐다. 언젠가로 미뤄두었던 무브드바이무비moved by movie 프로젝트°를 시작하기 위해서였다.

  프로젝트의 첫 촬영지는 그레고리우스가 정돈된 인생을 내팽개치고 야간열차에 뛰어오르게 한, 리스본이었다.

  영화 〈리스본행 야간열차〉는 스위스 바젤에서 라틴어를 가르치던 그레고리우스가 리스본을 여행하며 포르투갈 의사이자 레지스탕스이자 작가인 아마데우 프라두를 찾는 여정을 담고 있다. 그레고리우스는 자신과는 완전히 다른 삶을 살아온 아마데우와 그를 둘러싼 사람들의 생애를 좇으면서 평소라면 하지 않았을 행동과 시도를 통해 자기 안에 존재했지만 전혀 알지 못했던 면을 발견해나간다. 몇 개의 단어로만 이루어진 듯 건조하게 살아온 자신의 삶에도 새로운 가능성이 있음을 깨닫는다.

> 지금이 자기 인생에서 가장 확실하게 깨어 있는
> 순간임을 절감했다. 지금 이 느낌은 아주 달랐다.
> 이제껏 몰랐던 세상에 있다는 각성. 전혀 이질적인
> 눈뜸이었다.[ɔ]

영화의 끝에서 그레고리우스는 다시 이전의 삶이 기다리고 있는 스위스로 돌아갈지, 리스본에서 발견한 새로운 자신으로 살아갈지 결정하지 못하고 머뭇거린다. 그는 어떤 선택을 했을까. 리스본에 남았을까, 스위스로 돌아갔을까? 영화는 그가 어디에 있든 그건 하나도 중요하지 않다고 이야기하는 것 같다. 여행을 마친 그는 더이상 이전의 그가 아닐 테니까.

> 어디로 가든 당신도 야간열차를 타야 할 때가 온다.
> 낯선 정거장의 플랫폼에 발을 딛고 역사에 풍기는
> 냄새를 맡으며. 당신은 겉으로만 먼 곳에 도착한
> 것이 아니라 마음속 외딴 곳에 왔음을 깨달을
> 것이다. 그 먼 곳을 돌아 다시 찾아왔을 때 당신이
> 발견하는 것은 이미 예전의 당신이 아닌

∘   영화의 배경이 된 로케이션을 사진으로 담는 개인 프로젝트
ɔ   파스칼 메르시아, 『리스본행 야간열차』, 들녘, 2014

당신일 것이다.°

그레고리우스처럼 단조로운 일상을 벗어 던지고 야간열차에 올라탄 나는 리스본을 시작으로 비포 시리즈(〈비포 선라이즈〉〈비포 선셋〉)의 배경인 비엔나와 파리, 사랑의 민낯을 보여준 런던(〈클로저〉〈노팅힐〉〈어바웃 타임〉), 가난한 예술가의 사랑과 꿈을 노래하는 더블린(〈원스〉), 은은한 커피 향과 시나몬 롤의 고소함이 가득한 헬싱키(〈카모메 식당〉) 등 낯선 세상을 여행하는 동시에 내가 알지 못했던 나를 찾아 끊임없이 말을 걸어보는 시간을 보냈다. 나는 내가 결정한 대로 살아오고 있는지, 그렇지 않다면 지금까지 살아온 것과는 완전히 다른 방식으로 살 수는 없는지. 그레고리우스가 수업 도중 리스본행 열차에 뛰어오른 것처럼, 이제껏 지켜왔던 익숙한 삶과 결별할 수 있는지도.

영화 속 주인공이 거닐던 거리를 걷고, 잊지 못할 대화를 남긴 장소로 직접 걸어 들어가는 일은 스크린 밖에만 존재했던 내가 영화의 일부분으로 스며드는 경험이었다. 유럽은 리모델링을 쉽게 하지 않아 10년, 20년 전 영화 속 모습을 그대로 간직한 곳이 많았는데, 영화를 걷어내면 일상적인 공간이라는 점도 매력적이었다. 일상의 공간에서 영화는 더욱 실제처럼 느껴졌다. 영화 같은 일이 나에게도 일어나리라는 기대감. 어느 독일 기자의 표현처럼 영화 촬영지는 내게 모두 환상이거나 혹은 또 다른 현실(alles Illusion oder leben eine andere Realität)이었다.

　다시 원래의 자리로 돌아가야겠다고 마음먹었을 때는 이미 2년 반이라는 시간이 지나 있었다. 원하기만 하면 이대로 유럽에 남을 수도 있었지만 한국행 비행기에 타기로 결정했다. 집으로 돌아가는 일이 예전의 나로 돌아가는 건 아니라고 생각했기 때문이다.

　유럽에서의 마지막 밤. 나는 어떤 생각을 했었더라. 여행사 사장을 떠올렸다고 하면 각색이 너무 심한가. 종일 골목을 누비고 돌아와 침대에 누워 다리가 저리다고 생각하던 시나리오 속 주인공 말이다. 다음 날 그는 어떤 하루를 보냈을까? 그의 내일은 어제와 같았을까? 넉넉하지 않은 여행자 신분인 나도 프로젝트 내내 걸어 다녀야 했다. 과장하자면 2년 반 내내 걸은 셈이나 마찬가지였다. 침대에 누워 그동안 걸었던 길을 떠올렸다. 기분 탓이겠지만 다리가 저려왔다.

○　　같은 책

허삼관 놀이

배우 하정우가 연출한 영화 〈허삼관〉에 이런 장면이 있다.

"아버지가 오늘 특별히 너희를 위해서 요리
한 접시씩 만들어 줄 테니까 먹고 싶은 거 말해봐.
삼락이부터."
"고기 왕만두요."
"고기 왕만두 좋지. 고기 왕만두를 만들려면 일단
고기가 필요하지. 고기를 툭 떼어서 비계랑 살코기랑
잘~게 썬 다음에 거기다 부추랑 파랑 당면이랑
잘~ 섞어요. 그럼 그것을 다섯 개의 만두피에다가..."
"아버지! 여섯 개 주세요."
"안 돼. 너는 배가 쬐그매서 다섯 개면 충분해.
그다음에 찜통 바닥에 행주를 깔고 약한 불로

십 분 동안 익히는 거야. 우와~ 우와! 고기 냄새난다.
좋지? 다 됐다. 삼락이 고기 왕만두 대령이오.
자, 이제 침을 삼키면 먹게 되는 거야."

　일락이, 이락이, 삼락이 삼형제가 가난한 아버지 허삼관과
곯은 배를 문지르며 상상으로 고기 왕만두를 쪄먹는 장면. 아버
지가 부자가 될 기약 없는 미래를 기다리느니 상상으로나마 당
장의 행복을 누리고 싶었던 아이들은 앞다투어 침을 삼킨다. 꼴
깍꼴깍. 뭐야. 이거 누구 소리야. 이건 삼락이 만두야. 다른 사람
이 침을 삼키면 삼락이 만두를 뺏어 먹게 되는 거야. 아버지, 형
이 자꾸 침 삼켜요. 아버지, 저도 고기 왕만두요! 저는 일곱 개요!
　영화의 줄거리는 다 잊었음에도 이 장면은 생생히 기억하
는 건 안다훈과 '허삼관 놀이'를 즐겨했기 때문이다. 고기 왕만
두를 사먹지 못할 정도로 가난해서는 아니고, 거리 때문이었다.
　독일에 있던 나는 한국에 있는 안다훈보다 늘 8시간이 느
렸다. 시차만큼 먼 거리였다. 내가 밍기적 밍기적 침대 속으로 들
어가 전화를 걸면 안다훈은 창문으로 들어오는 아침 햇살에 눈
도 다 뜨지 못한 채로 전화를 받았다. 나의 현재는 안다훈의 과
거였고 전화로 전해 듣는 그의 일상은 아직 내게 오지 않은 8시
간 후의 미래였다. 목소리는 1초의 지연도 없이 들려오는데 어
떻게 나보다 8시간이나 미래에 있는 건지, 그럼 안다훈의 목소
리는 8시간을 거슬러 내게 오는 건지, 문과의 머리로는 도무지
이해가 되지 않아서 그냥 8시간짜리 타임머신에 올라탄 거라고

생각하며 전화를 이어나가던 때였다.

'허삼관 놀이'는 서로 만나지 못하는 현실에 집중하지 않으려고 만들어낸 일종의 시공간 탈출 게임이었다. 가고 싶은 장소나 가본 장소에 대해 말하고 마치 실시간으로 그 장소에 있는 것처럼 상황극을 펼치는 방식이었다. 이 세계관 안에서 우리는 어디든 갈 수 있고 어떤 요리든 먹을 수 있었다. '허삼관 놀이'의 묘미는 묘사의 디테일이었기 때문에 둘 다 잘 아는 여행지를 선정하면 시간 가는 줄 모르고 상황극에 빠져들 수 있었다. 영화 〈비포 선셋〉의 촬영지인 파리의 고서점 '셰익스피어 앤 컴퍼니'도 그런 장소 중 하나였다.

저기 간판에 셰익스피어 보여? 셰익스피어가 원래 저렇게 대머리였나. 헤밍웨이도 여기 단골손님이었대. 저 침대에서 가끔 자고 갔대. 우아! 저기 노트르담도 보이네. 고기 왕만두를 앞에 둔 일락이, 이락이, 삼락이 마냥 우린 꼴깍꼴깍 침을 삼켰다.

그 해 겨울 안다훈이 독일에 왔다. 허삼관 놀이를 소재로 한 영화를 찍기 위해서였다. 나를 보러 온 김에 영화를 찍는 거라고 했지만. 영화를 찍는 김에 나를 보러 온 거라고 해도 뭐라고 할 생각은 없었다. 미래였다가 과거였다가 현재이기도 한 와중에 순서가 뭐 그리 중요하겠어.

영화는 파리에 사는 '영빈'과 서울의 편의점에서 새벽 아르바이트를 하는 '미화'가 마치 산책을 하듯 전화로 대화를 나누는 로맨스물이었다. 우리를 소재로 만들었다기엔 다소 아름답게 각색되어 있었지만. '미화'가 주인공인 범죄 스릴러물이었다

면 그것도 나름대로 곤란할 것 같았다.

영빈과 미화는 익숙한 듯 편안한 분위기 속에서 대화를 나눈다. 수화기 너머로 파리와 편의점의 생활 소음이 들려온다. 파리에 오면 어디에 제일 가고 싶은지 묻는 영빈에게 미화는 대답한다. '셰익스피어 앤 컴퍼니'에 가고 싶다고.

"가면 되죠."
"에이. 내가 지금 거길 어떻게 가요."
"가면 되죠. 자, 눈 감아 봐요."
"네?"
"속는 셈 치고 눈 한 번 감아 봐요."

파리의 고서점인 '셰익스피어 앤 컴퍼니'는 영화 〈비포 선라이즈〉 이후 9년 만에 셀린과 제시가 재회하는 장소다. 셀린과 비엔나에서 보낸 하룻밤을 소설로 써 베스트셀러 작가가 된 제시는 작가와의 대담을 위해 파리의 '셰익스피어 앤 컴퍼니'를 찾았고, 그곳에서 셀린을 발견한다.

미국인 실비아 비치가 파리에 정착해 1922년 처음 문을 연 '셰익스피어 앤 컴퍼니'는 1941년 나치가 파리를 점령했을 때 문을 닫았다. 이곳을 사랑하던 헤밍웨이가 1944년 미군과 함께 파리로 돌아와 직접 서점의 규제를 풀었지만 실비아 비치는 두 번 다시 서점의 문을 열지 않았다. 그로부터 10년 뒤 오데옹 가에서 그리 멀지 않은, 센강 왼편에 비슷한 서점 '르 미스트랄'이 문을 열었다. 실비아 비치를 동경하던 조지 휘트먼이라는 미국인이 연 서점이었다. 1962년 실비아 비치가 세상을 떠난 뒤 조지 휘트먼은 그녀의 장서를 사들였고 2년 뒤인 1964년 윌리엄 셰익스피어 탄생 400주년을 맞아 자신의 서점 이름을 '셰익스피어 앤 컴퍼니'로 개명했다. 그곳이 지금의 우리가 알고 있는 '셰익스피어 앤 컴퍼니'다.°

촬영은 파리와 한국, 두 팀으로 나뉘어 진행되었다. 영화의 배경인 '셰익스피어 앤 컴퍼니' 내부는 영상 촬영이 불가능해 사진을 이용한 포토로망⁹으로 구현하기로 했고, 몇 주 후 한국으로 돌아간 안다훈이 정유민 배우와 편의점 장면을 찍고 나서야 모든 촬영이 끝났다. 솔직히 파리에서 서점 사진을 찍을 때까지만 해도 나는 안다훈이 영화를 완성할 거라는 기대가 없었다. 일종의 허삼관 놀이를 하고 있는 거라고 생각했다. 영화를 만드는 역할극 놀이. 안다훈을 의심해서가 아니라 영화를 만든다는 것이 내게는 너무나 상상의 영역이었기 때문이다. '우리를 소재로 한 영화를 만들 거야. 영화감독이 될 거야.'라는 말이 내게는 '별을 따다 줄게.'처럼 들렸다.

독일에 살던 이미화에게 분명한 현실은 눈을 뜨면 보이는 천장과 등에 닿는 매트리스의 감각이었다. 한여름 밤의 꿈처럼 한바탕 역할극이 끝나고 나면 안다훈은 이전처럼 8시간 빠른 한

°   제레미 머서, 『시간이 멈춰선 파리의 고서점』, 시공사, 2008
⁹   사진소설, 사진 위에 내레이션이 흘러나오는 편집 방식

국에서 아르바이트를 할 거고, 나는 8시간 느린 독일에서 멀뚱
멀뚱 천장을 바라보며 누워있겠지?

　내 예상과 달리 한국으로 돌아간 안다훈은 영화 후반 작업
에 매진했다. 카페 아르바이트가 끝나면 집에 돌아와 컷 편집을
하고, 오프닝에 넣을 그림을 찾고, 영화에 어울리는 사운드트랙
의 작곡을 맡기고 사운드 믹싱과 색 보정과 CG를 동시에 진행
했다. 영화제 출품을 위해 영어 자막을 달고, 배급사를 찾고, 포
스터를 만들었다.

　작업이 진전될 때마다 안다훈은 조금씩 더 먼 미래로 나아
가는 것 같았다. 오늘은 어떤 작업을 했고, 내일은 뭘 할 건지. 다
음을, 미래를 이야기했다. 꿈에 가까워지는 사람의 목소리였다.
안다훈의 세계에 다음이 생겨나는 과정을 목격하다 보니 꿈을
꿈으로만 남겨두지 않는다는 건 어떤 건지 궁금했다. 안다훈에
게 영화를 만든다는 건 어떤 느낌일까.

　　"글쎄, 기시감이 든다고 해야 할까. 머릿속에만
　　있던 장면이 모니터 안에서 똑같이 구현될 때가
　　있어. 그럴 때는 내가 이미 경험한 것처럼 친숙하게
　　느껴져."

　안다훈에게 영화란 실현 불가능한 일이 아니라 상상을 현
실로 만들어가는 과정 중 하나였다. 영화라는 신기루 같은 꿈을

좇으면서도 삶을 지탱할 수 있었던 이유다. 가만, 내게도 상상의 몫으로만 남겨두었던 꿈같은 일이 있었다. 한국에 돌아가면 책방을 열고 싶어. 할 수 있을까? 그럼, 당연하지. 나보다 겨우 8시간만 빠른 주제에 안다훈은 꼭 미래에 다녀온 사람처럼 말했다.

꼬박 6개월이 걸린 후에야 영화는 완성되었다. 메신저로 보내온 포스터에는 편의점 창고에 기대앉아 눈을 감고 있는 미화의 얼굴 아래 꼬불거리는 전화선 모양으로 영화의 제목이 쓰여 있었다. ‹셰익스피어 앤 컴퍼니› 연출 안다훈.

각자의 공간에서 전화만을 이어가던 두 사람이 만나 파리에서 촬영을 하고, 다시 원래의 자리로 돌아가 완성한 꿈결 같은 영화. 그렇게 만든 영화가 5년 뒤 롯데시네마에서 개봉한다고 하면 우리는 그 사실을 믿을까?°

안다훈이라면 믿었을지도 모른다. 그리고는 의심 많은 내게 이렇게 말하겠지.

　　　"속는 셈 치고 눈 한 번 감아봐."

　　　　　<셰익스피어 앤 컴퍼니>

° 　　2021년 8월 '숏버스 프로젝트'라는 옴니버스 영화로 묶여 극장 개봉했다.

GV빌런 힙합 키드

"고태경은 없었어?"

　부산의 작은영화영화제에서 GV^{Guest Visit. 관객과의 대화}를 마치고 돌아온 안다훈에게 물었다. '고태경'은 『GV빌런 고태경』이라는 소설에 등장하는 인물이며, 'GV빌런'이란 영화 상영 후 관객과의 대화에 등장해 분위기를 흐리는 관객을 뜻한다. "우선 영화 잘 봤습니다."로 시작해 "그런데…" 이후에 어떤 멘트가 이어지느냐에 따라 빌런의 유형이 나뉜다.

　질문은 하지 않고 자기 블로그에나 쓸 감상을
　장황하게 연설하며 지식을 뽐내는 '나 이렇게
　영화 많이 알아' 유형. 그것의 변용인 '제 해석이
　이런데 이게 맞나요?' 유형. 저는 A대학에서 영화를

전공하고 있는 학생입니다. 제가 처음 감독님 영화를
본 건 칠 년 전이었는데요. 그때도 질문했는데
감독님 저 기억하시나요? '세상의 중심은 나' 유형,
셔터 소리를 과하게 내며 계속 사진을 찍거나,
사생활에 대한 난처한 질문을 하는 '파파라치' 유형,
그 장면은 이렇게 찍었어야 하는 거 아니냐,
캐스팅 후회하지 않느냐 같은 '훈계 및 평가' 유형,
통역사가 있는데 굳이 외국인 게스트에게 본인이
영어, 불어, 일어 등으로 직접 질문해서 통역사 일
두 번하게 만드는 '나 외국어 능력자야' 유형 등등.
그들이 느끼지 못하는 부끄러움은 나머지 관객들의
몫이었다.
　　　　　　　　　　　　　　　—정대건, 『GV빌런 고태경』

　　소설 『GV빌런 고태경』은 흥행에 실패한 영화감독 조혜나
가 자신의 GV 현장에서 맞닥뜨린 GV빌런 고태경의 일상과 사
연을 다큐멘터리로 담기로 결정하면서 벌어지는 이야기다. 조
혜나는 시네필 사이에서 일명 베레모 빌런으로 통하는 고태경
이, 자신을 영화계로 이끈 원수 같은 걸작 〈푸른 사과〉의 조연출
이자 90년대를 주름잡던 최강호 사단의 일원이었다는 사실을
알게 된다. 365일 빠짐없이 극장에 출몰해 가리지 않고 영화를
보는 그가, 충무로 현장에서 십 년간 발로 뛴 잔뼈 굵은 베테랑
스태프 출신이었다는 서사에 매료된 조혜나는 동물적인 감각으

로 그를 카메라에 담아야겠다고 생각한다.

GV빌런에 대한 영화가 끝나고 GV를 하는 GV빌런.
그 GV 현장에 나타나는 다른 GV빌런!

안다훈이 GV에 참석한 작은영화영화제는 매월 첫째 주 수요일 부산의 '영화의 전당' 소극장에서 단편 영화를 상영하는 소규모 영화제다. 4주년 기념으로 관객이 뽑은 '인생 단편전'에 안다훈이 연출한 영화 ⟨셰익스피어 앤 컴퍼니⟩가 선정되어 초대받은 행사였다. 안다훈은 부산 여행 내내 꽤나 들떠있었다. 그도 그럴 게 '영화의 전당'은 영화인들의 꿈인 부산국제영화제의 메인 극장이다. 자신이 만든 영화가 '영화의 전당'에 걸리기 전까진 부산 근처에는 얼씬도 하지 않겠다고 선언한 영화인이 한둘이 아니었다. 물론 안다훈도 예외는 아니다. 영화인에게 부산은 그런 의미다.

⟨셰익스피어 앤 컴퍼니⟩가 상영된 소극장은 '영화의 전당'에서나 소극장이지 좌석 212석으로 멀티플렉스의 일반 상영관에 버금가는 규모. 영화를 완성한 후 4년 동안 어느 영화제에도 출품하지 못해 암울한 시기를 보내던 안다훈의 첫 스크린 상영이 '영화의 전당'이라니. 하루 정도는 얼마든지 자랑을 들어줄 준비가 되어있다. 고 생각하기 무섭게 안다훈은 휴대폰을 들이밀었다. '영화의 전당'의 야외극장은 부산국제영화제의 개막

작과 폐막작이 상영되는 공간인데 좌석이 4,000석이 넘는다는
등, 물결 모양의 LED 지붕이 시그니처라는 등, 여기가 바로 한
국의 카네기홀이라는 등. 50장이 넘는 사진을 한 장 한 장 넘겨
가며 강의를 하던 안교수는 집중력이 떨어져가는 학생의 눈치
를 슬금슬금 살피더니 고태경 이야기를 꺼냈다.

"고태경의 공격이 안 먹히는 GV였어."

GV빌런의 진가는 마이크를 건네받는 순간 발휘되는데 사
회적 거리두기로 마이크를 이동시킬 수 없어 오픈 채팅방에 메
시지로 질문을 받았다고 했다. 모더레이터와 감독은 채팅창에
서 원하는 질문과 감상만 선택해 답변할 수 있었기 때문에 고태
경이 나타나 잽을 날리더라도 섀도복싱으로만 끝날 가능성이
높았다. 아, 아쉽다. 고태경 만날 수 있는 기회였는데. 내 말뜻을
이해한 건지 무시한 건지 안다훈은 상쾌한 얼굴로, 답변을 하면
서 실시간 반응을 확인할 수 있다는 점도 일반 GV와는 다른 점
이었다고 했다. 이모티콘으로 감정을 전달하는 관객도 있었고,
답변에 대한 질문이 타래처럼 이어지기도 했다며, 영화를 계속
해달라는 응원을 받은 기분이라고 했다. 계속하는 건 어렵지 않
지. 나는 생각했다. 진짜 어려운 건 좋아하는 걸 미워하지 않는
거야. 큰 성과가 없어도, 누군가 알아주지 않아도 좋아하는 마음
을 처음 그대로 간직하는 것.

"영화는 내게 좋은 것만 줬는데. 영화가 나한테
상처를 준 게 아닌데. 영화가 미워지고 극장도

안 가게 되더라. 영화도 밉고 나도 밉고... 나, 그저
영화가 좋아서 그다음은 생각도 않고 영화학교에
갔어. 돌아보면 난 그다지 감독이 되고 싶지도
않았어. 꼭 감독이 돼야 하는 거 아니잖아? 그게
행복의 척도도 아니고."
행복은 고사하고 어떤 설문에서 영화감독이 가장
스트레스 많은 직업군이라고 하던 걸. 승호가
덧붙였다.
"내가 사랑하는 걸 미워하는 게 아니라, 내가
사랑하는 걸 더욱 사랑하는 방향으로 가고 싶어.
행복해지지 않는다면 뭘 위해서 이 모든 일을
하겠어?"
—정대건, 『GV빌런 고태경』

　　조혜나의 영화학교 동기인 승호는 사랑하던 영화를 미워
하고 싶지 않아서 영화를 그만두기로 결정한다. 열심만으로는
안 되는 일이 있다는 것. 그게 영화의 속성이라는 걸 알고 나니
아무런 성과도 내지 못했던 자신을 한심해하거나 미워하지 않
아도 괜찮겠다는 생각이 들었기 때문이다. 승호는 공모전에 당
선되면 사려고 했던 40만 원짜리 키보드를 영화를 그만둔 기념
으로 자신에게 선물한다. 성과에 대한 보상이 아닌 방식으로 자
기 자신에게 대접한 적이 없었기 때문이다. 담담하게 결심을 전
해오는 승호를 보며 조혜나는 생각한다. 영화가 아니어도 좋으

니 승호가 자신이 뭔가를 이루지 못했다고 해서 스스로를 미워하지 않으면 좋겠다고. 그리고 그건 어쩌면 작가가 자기 자신에게 해주고 싶은 말일지도 모른다.

『GV빌런 고태경』을 쓴 정대건 작가는 소설가로 등단하기 전 한국영화아카데미에서 영화를 공부했다. 정대건은 자신의 첫 영화로 10대 때 함께 랩을 해온 여섯 명의 형들이 20대 중반에는 어떤 모습으로 살아가고 있는지를, 서른이 되는 건 두렵지만 10년 뒤의 모습을 꿈꿀 때는 제법 희망적이 되는 '투 올드'한 '힙합키드'들의 꿈과 현실을 〈투 올드 힙합 키드〉라는 다큐멘터리로 담아냈다.

정대건이 찾아간 여섯 명의 힙합키드 중에는 여전히 언더에서 공연을 하며 음악을 만드는 친구도 있지만 안정적인 삶을 위해 랩을 그만두고 공무원 시험을 준비하는 친구도 있다. 오디션에서 50번 넘게 떨어져서 첫 앨범을 자체 제작하는 친구도 있고, 힙합 정신으로 정정당당하게 직장생활을 해나가는 친구도 있다. 랩을 그만둔 사람은 그만둔대로, 놓지 못한 사람은 놓지 못한 대로 불안하고 불투명한 미래와 싸워야 하지만 힙합을 미워하는 사람은 없어 보였다. 그만둔 사람도 그만두지 않은 사람도 어떻게든 각자의 방식으로 좋아하는 마음을 지켜나가고 있었다.

"지금은 너 음악 한다고 행복하지? 나중 돼봐라.
라는 말이 실현이 되지 않았으면 좋겠어. 이렇게

음악 하는 걸 선택했기 때문에 나중에 더 큰 행복을
누렸으면 좋겠어. 아 음악하길 잘했다고."

소설 속에서 승호가 했던 말이 떠올랐다. 영화를 미워하고
싶지 않아서 영화를 하지 않겠다는 말. 작가가 승호라는 인물을
만들어낼 수 있었던 건 아무런 성과도 내지 못하는 스스로를, 좋
아하는 마음만으로 매달렸던 그 시간을 원망하고 탓해본 적이
있었기 때문일 테다. 좋아하는 것 때문에 괴로워하며 보낸 시간
속에서 결국 찾은 거겠지. 좋아하는 걸 미워하는 대신 더 좋아할
수 있는 자신만의 방식을. 그게 설령 승호처럼 영화를 그만두는
것이라고 할지라도 말이다.

다큐멘터리에서 영화감독이 되겠다고 선언한 정대건은 평
범한 삶을 살기를 바라는 엄마에게 10년이라는 시간을 약속한
다. 영화에 10년은 투자해보고 싶다고. 약속했던 10년이 되던 해
인 2020년, 정대건은 자신의 경험을 녹여낸 장편소설 『GV빌런
고태경』으로 한경신춘문예에 당선되어 소설가로 등단한다. 그
사이 두 편의 영화를 연출한 정대건이 어떤 마음으로 극장과 도
서관을 오가며 이 소설을 썼을지 나로선 짐작할 수 없지만, 그가
영화를 그만두었다고 해도 나는 크게 실망하지 않을 것 같다. 정
대건은 이런 문장을 쓰는 사람이니까.

나는 앞으로도 실수하고 후회하고 반복하겠지만,

적어도 내가 사랑하는 것들을 미워하지는 않을 거다.

맵고 짜고 달콤한 기억들

날씨에 크게 영향을 받지 않는 나도 야외 일정이 있는 날에는 종일 일기예보만 들여다보게 된다. 에무시네마에서 진행하는 별빛영화제에 가야하는 날이라면 더더욱. 별빛영화제는 경희궁이 내려다보이는 복합문화공간 에무^{EMU}의 루프탑에서 열리는 작은 영화제다. 초가을 밤하늘 아래에서 머리카락이 산들거릴 만큼만 불어오는 선선한 바람을 맞으며 영화를 즐기는 낭만적인 야외 영화관. 예매 오픈 5분 만에 전석이 매진된다는 그 별빛영화제의 표를 어렵게 구했는데 아무렴 우천 취소는 억울하지.

"에무시네마? 야한 영화 보는 데야?"

말갛게 물어오는 반려인 안다훈에게 '에무는 네덜란드의 인문학자 에라스무스의 약칭인데 처음에는 갤러리의 이름으로만 사용되다가 복합문화공간 전체를 아우르는 이름이 되었다. 에무시네마는 복합문화공간 에무의 2층과 3층에 자리하고 있는 영화관이지만 별빛영화제 기간에는 4층 루프탑에서 캠핑 의

자와 빈백에 앉아 영화를 관람할 수 있다.'고 설명을 마치고 나니 의문이 들긴 했다. 종로 한복판에 야외 상영관이라니, 소음은 어떻게 하지? 물론 내가 예매한 영화는 〈시네마 천국〉이라서 그럴 일은 없었지만, 출처가 불분명한 신음에 주민들이 불쾌해할지도 모를 일이었다. 한술 더 떠 별빛영화제 동행인 윤혜은은 네이버에 '애무시네마'를 검색했더니 '청소년에게 노출하기 부적합한 검색결과'라는 안내문구가 나왔다고 했다. "애무가 아니라 에무야." "그러니까. 내 말이 그 말이야." 농담을 주고받으며 에무시네마에 도착한 우리는 허탈하게 웃을 수밖에 없었다. 좌석마다 무선 헤드폰이 하나씩 놓여 있었기 때문이다.

루프탑의 조명이 모두 꺼지고 헤드폰에서 엔니오 모리꼬네의 〈Cinema Paradiso〉가 흘러나왔다. 세계 영화 음악 베스트 1위로 선정된 바로 그 음악. 스크린에선 실크 커튼이 바람결에 살랑이는 창 너머로 이탈리아의 푸르른 바다가 펼쳐지고 있었다. 영화가 세상의 전부인 소년 토토와 마을에 있는 유일한 극장인 '시네마 천국'의 영사 기사 알프레도의 우정을 담은 영화 〈시네마 천국〉. 영화가 시작된 지 1시간쯤 지났을까. 캠핑 의자에 꼼짝 않고 앉아있다 보니 목이 뻐근해져 왔다. 뒷목을 주무르며 고개를 들어 바라본 밤하늘엔 하얀 구름이 빠르게 지나가고 있었다. 집중이 깨진 김에 별자리도 찾아보고 방해가 되지 않을 만큼만 고개를 움직여 사람들을 관찰했다. 얌전히 헤드폰을 끼고 영화에 집중한 얼굴들이 보였다. 모기약 냄새를 맡으며 얇은 담요를 덮고 앉아 가만가만 영화를 보는 이 장면. 묘한 기시감이

들었다. 어디에서 봤더라?

베를린 프리드리히샤인 국립공원Friedrichshain Volkspark에서는 봄부터 초가을 밤까지 영화를 상영하는 야외극장(Frei-luftkino)이 열렸다. 1,500석 이상의 벤치가 있는 큰 규모의 극장이지만 원한다면 잔디밭 위에 자리를 잡아도 좋은, 말 그대로 자유로운(Frei) 야외(Luft) 영화관(Kino)이다. 한 여름에도 해가 지면 시원해지는 독일의 날씨 덕에 매일이 가을인 것처럼 상쾌하게 영화를 관람할 수 있는 곳이었다.

조명, 온도, 습도 모든 것이 완벽한 이 장소에 아쉬운 점이라고는 내 독일어 실력밖에 없었다. 독일에 수입되는 외화는 대부분 더빙판으로 개봉되기 때문에 원어로 보기 위해서는 따로 전용 극장을 찾아가거나 자막 버전을 예매해야 한다. 헐리웃 배우의 목소리에 익숙해져 있는 우리로서는 독일어로 더빙된 영화에 몰입하기 쉽지 않은데 정작 독일인 친구는 실제 배우 목소리가 극중 역할과 어울리지 않는다고 할 정도로 더빙에 익숙했다. 더빙판을 보급하는 이유는 독일인의 문맹률이 높아서라는 의견도 있고, 영어를 독일어로 번역하면 자막이 너무 길어지기 때문이라는 말도 있다.

야외극장에서 상영하는 영화도 높은 확률로 더빙판이었고, 미리 줄거리를 찾아보았음에도 완벽하게 이해되지 않는 장면에서는 공연히 하늘을 올려다보곤 했었다. 밤 10시가 넘어도 여전히 훤한 여름의 하늘빛과 환영처럼 일렁이는 스크린. 공원을 빼곡히 둘러싼 나무숲 사이로 독일어가 메아리치던 베를린의 밤. 맞아, 그때도 이렇게 하늘을 올려다보며 구름이 참 빠르네, 별이 밝네, 하는 익숙한 감탄을 내뱉곤 했었지.

그때와 꼭 닮은 서울 하늘 아래에선 알프레도가 극장에 들어오지 못한 관객들을 위해 광장 벽을 스크린 삼아 영화를 보여주고 있었다. 광장에 아무렇게나 앉아 영화를 보는 사람들의 모습과 내가 있는 루프탑의 풍경이 겹쳐졌다.

"이건 네 진짜 일이 아니야. 지금은 이 극장에 네가
필요하고 너도 일이 필요하지만 다 잠시뿐이야. 넌
다른 일을 해야 돼. 중요한 일. 더 멋진 일. 인생을
걸 수 있는 일."

청년이 된 토토는 더 넓은 세상으로 나아가라는 알프레도의 꾸준한 설득 끝에 태어나고 자란 시골 마을을, 극장을 떠나 로마로 향한다. 그리고 알프레도가 죽었다는 소식을 듣기 전까지 고향에 단 한 번도 돌아가지 않는다. 그게 알프레도의 바람이었기 때문이다.

가을은 가을인지, 잔잔한 해변가에 이따금 찾아오는 파도처럼 차가운 바람이 불어왔다. 몸을 부르르 떨며 담요를 목 끝까지 끌어올리다 문득 오래된 얼굴이 바람결에 스쳤다. 어떻게든 베를린에 남으려고 하던 내게 너의 일을 찾으라고 했던 사람. 나 자신도 뭘 해야 할지, 할 수 있을지 몰라 가능성을 접어두던 때

나를 나보다 더 믿어주던 사람. 민.

　민은 한국에 돌아가기 두렵다는 이유로 베를린의 한식당에서라도 일하겠다는 내게 너는 글을 써야 한다고 말해준 유일한 사람이었다. 너는 작가가 되어야 해. 공원 벤치에 나를 앉혀두고 곧바로 통화버튼을 눌러 알고 지내던 출판사 대표에게 나를 부탁했다. 민은 내가 감히 꿈꾸어보지 않았던 미래를 내 손에 쥐여주었다. 미래가 모래가 될까 봐. 손가락 사이로 새어나갈까 무서워진 나는 온 힘을 다해 주먹을 쥐었고. 이듬해 민의 바람대로 첫 책을 출간했다. 그리고 한국에 돌아온 지 1년이 지난 지금도 여전히 글을 쓰며 지내고 있다.

　　　"마지막에 뭘 하든 그걸 꼭 사랑하고. 철부지 시절을
　　　기억하렴. 영사기를 만지던 꼬마 토토처럼."

　알프레도의 말을 부적 삼아 어디서 어떤 일을 하든 영화밖에 모르던 어린 시절을 만지작거렸을 토토처럼. 한국으로 돌아온 나도 수시로 베를린을 떠올린다. 서른을 앞두고 느낀 모든 종류의 불안함과 하루치의 일을 마치고 돌아오던 고단한 새벽을. 그러면서도 반짝이는 풍경 하나에 '오길 잘했다' 위로받던 순간을. 모래 위에 성을 쌓듯 매일 매일이 위태롭지만 지금과는 정반대의 즐거움이 있던 때. 그때의 경험이 어딘가에 꼭 쓰일 거라는 생각이나 앞으로의 인생이 크게 달라질 거라는 기대는 없었지만, 낯선 세상에서 살아남기 위해 치열하게 고민하고 하루하루 필사적이던 시절의 나를 떠올리는 것만으로도 현실을 의연하고 씩씩하게 받아들일 용기를 얻는다.

집으로 돌아와 첫 책 『베를린 다이어리』를 꺼내 읽었다. 처음부터 끝까지 한 호흡으로 읽는 건 오랜만이었다. "Freiluft-kino"에서 영화를 보던 기억, 공원에 드러누워 28센트짜리 싸구려 맥주를 마시며 허망한 꿈을 나누던 기억, 가난에서 비롯된 맵고 짜고 달콤한 기억들. 가진 거라곤 시간뿐이라서 마음껏 젊음을 낭비하던 기억이, 오래된 필름처럼 담겨있었다. 베를린에서 보낸 시간 중 가장 반짝이는 부분만을 오리고 이어 붙여 완성한 필름.

그 시절과는 너무 멀어졌다는 생각에 잠시 서글퍼질 즈음, 어디선가 토토 엄마의 목소리가 바람처럼 불어왔다.

"이젠 네 삶이 거기에 있잖니. 여기엔 추억만
두고 가렴."

영화가 도착했다

베를린에서 자주 가던 KAFFE라는 이름의 카페에서는 매주 목
요일 저녁 작은 영화 상영회가 열렸다. 공식적으로는 무료 상영
이었지만 커피나 맥주를 주문하는 것으로 관람료를 대신했다.
KAFFE에서 상영하는 영화는 주로 1960년대 이후 독일의 영
화산업을 부흥시키기 위해 정부에서 지원을 받아 만들어진 영
화들이었다. 상업적인 영화보다는 당시의 사회 현실을 보여주
는 기록영화나 한사람이 감독, 시나리오, 편집, 촬영 등 일당백
의 역할을 하면서 만든 저예산 영화들이 많았다. 영화가 끝나면
관객 중 두세 명이 박수를 받으며 앞으로 걸어나가 즉석에서 관
객과의 대화가 이루어지고는 했다.

　　나중에야 안 사실이지만 영화 상영회에 오는 관람객의 대
부분이 지금은 은퇴한 영화산업 종사자였다. 내 옆자리에서 사
과를 아싹 베어 물며 영화를 보던 백발의 할머니가 방금 전 상
영된 흑백영화 속 배우인적도 있었다. 나는 머리를 벅벅 긁으며

생각했다. 와, 여기 뭐야? 내가 지금 어디서 뭘 보고 있는 거야? 나라는 사람은 다행히 분수를 아는 사람이었고, 분수를 안다는 건 내가 누리는 혜택이 당연하지 않다는 걸 잘 알고 있다는 말과 같아서, 나는 이 목요일의 과분한 영화관을 지루해하거나 익숙해하지 않았다.

영화를 컨셉으로 한 책방을 열고 싶다는 윤곽을 잡는 데에도 KAFFE의 역할이 컸다. "매주 금요일마다 영화를 상영하는 거야. 관람료는 당연히 무료. 감독이랑 관객과의 대화도 할 거고. 원작 소설이나 영화잡지도 큐레이션해서 판매하는 영화책방. 어떨 것 같아?"

영화는 무조건 영화관에서 봐야한다는 영화계의 보수파 안다훈의 눈치를 살피며 대답을 기다렸다. "뭐, 괜찮지 않을까. 상영 가능한 수준의 조건만 갖춘다면...?"

세계 최초의 공적 영화 상영관도 카페였다. 1895년 12월 28일. 파리의 그랑 카페는 움직이는 활동사진을 보여준다는 광고를 보고 몰려든 사람들로 붐볐다. 신문에 광고를 낸 사람은 오귀스트 뤼미에르와 루이 뤼미에르. 시네마토그래프를 개발한 영화의 창시자 뤼미에르 형제였다. 시네마토그래프란 영화 촬영과 상영이 동시에 가능한 카메라 겸 영사기다. 영화관을 의미하는 '시네마'도 여기에서 시작된 용어다. 그랑 카페에서 상영된 영화는 〈리옹 공장을 나서는 노동자들〉 〈아이의 점심시간〉 〈물 뿌리는 정원사〉처럼 영화의 내용이 곧 제목인 1분 내외의 단순한 영상에 불과했지만 관객들은 열광했다. 〈열차의 도착〉이라는 영화가 상영될 때는 소리를 지르며 테이블 밑으로 숨기도 했다. 스크린 너머에서 실제로 열차가 달려온다고 생각했기 때문이다. 당시 신문에선 이 요란스러운 최초의 상영회를 이렇게 대서특필했다.

　　　　　열차와 함께 '영화'가 도착했다!°

　　같은 시간 같은 공간에서 전율한 또 한명의 역사적 인물이 있었으니. 판타지 영화의 아버지라 불리는 영화계의 마술사 조르주 멜리에스였다.

　　뤼미에르 형제의 시네마토그래프에 흠뻑 매료된 조르주 멜리에스는 영화 스튜디오를 설립해 직접 각본을 쓰고 출연도 하고 편집도 했다. 멜리에스의 영화가 뤼미에르 형제의 영화와 다른 점은 연출과 편집이 추가되었다는 점이다. 말하자면 최초의 픽션 영화였다. 뤼미에르 형제의 영화가 다큐멘터리적 성격을 띠었다면. 마술사였던 멜리에스는 자신의 전공을 살려 필름 위에서 마술을 구현했다. 필름을 자르고 이어 붙여 인물과 사물이 갑자기 사라지거나 나타나게 하는, 지금의 '편집'에 해당하는 일종의 트릭을 사용하면서 극적인 효과를 주기도 했다. 특히 인류가 대포알을 타고 달나라로 여행을 가는 최초의 SF 영화 〈달세계 여행〉은 흑백 필름에 일일이 색을 입혀 컬러 버전으로 상

°　　장지훈. 「영화의 탄생」. 조선일보. 2018.03.08

영하기도 했다.

> "너의 꿈들이 어디서 시작됐는지 알고 싶을 땐 여길
> 둘러보거라. 이곳에서 꿈이 실현된단다."°

530편 이상의 영화를 찍으며 영화 산업계의 1인자로 유럽을 평정한 멜리에스라면 거장 대우를 받으며 노년을 보냈으리라 짐작하겠지만 현실은 달랐다. 세계대전이 시작되면서 영화는 배부른 소리가 되어버렸고, 간신히 목숨을 건진 사람들에겐 영화보다 필사적인 일이 많았다. 현실을 잊은 채 환상을 이야기하는 멜리에스의 영화를 찾는 사람은 없었다. 결국 멜리에스의 영화 스튜디오는 문을 닫는다. 기차역에서 작은 인형 가게를 운영하고 있던 멜리에스를 다시 발견했을 때는 이미 오랜 시간이 흐른 뒤였다. 작품이 담긴 수백 개의 필름도 사라진 지 오래였다.

이 일화는 『위고 카브레』라는 소설로 각색되었고, 딸에게 이 소설을 읽어주던 마틴 스콜세지가 영화화를 결심하면서 조르주 멜리에스의 이야기는 〈휴고〉라는 제목의 영화로 재탄생된다. 마틴 스콜세지로 말할 것 같으면, 봉준호가 아카데미 시상식에서 언급한 "That quote was from our great Martin Scorsese(이 말은 우리의 위대한 마틴 스콜세지가 한 말입니다)."의 그 마틴 스콜세지. '가장 개인적인 것이 가장 창의적인 것이다.'라는 말을 남긴 사람답게 스콜세지 감독은 가장 개인적이

고 창의적인 시도를 했던 조르주 멜리에스의 덕후였다. 말하자면 조르주 멜리에스는 거장의 거장. 아니지. 거장(봉준호)의 거장(마틴 스콜세지)의 거장인 것이다.

"조르주 멜리에스의 이름을 딴 '영화책방 멜리에스'는 어때?" 언젠가 열게 될 책방의 이름을 고민하는 내게 안다훈이 물었다. "왜. 그럴 거면 뤼미에르로 하지? 이왕이면 창시자가 낫잖아." 라고 대꾸했다가. "〈카페 뤼미에르〉라는 허우 샤오시엔 감독의 영화가 있는데 일본의 고서점이 배경이니 그것도 나쁘지 않겠다."는 진지한 대답을 듣고 나서야 잘못 걸렸구나 싶었다. 그렇게 나온다 이거지. 나는 한 술 더 떠. "그럼 난 영화책방 휴고로 할래. 〈휴고〉에서 영화소년 휴고의 단짝 친구 이자벨이 문학소녀잖아. 영화와 책을 페어링하는 책방에 딱이라고 생각하지 않아?"라고 공격했지만 안다훈은 고개를 저었다. "직관적이지 않아. 흥행에 실패한 영화라서 아는 사람도 별로 없을 거고." 그냥 장단이나 맞춰주려고 한 소리에 흥행 운운하니 위장이 뒤틀려왔다. 나는 발끈했다. "아카데미 최다 수상작인데 흥행이 무슨 상관이야!" 안다훈은 어떤 낌새를 맡은 탐정이라도 된 듯이 말했다. "영화책방도 그러길 바래?"

우리가 필름 시대에 사용되던 35mm 필름에서 따온 '영화책방35mm'라는 이름의 책방을 연 건 2년이나 더 지나서의 이야기다. 공간의 이름을 지어 보이며 열을 올리던 그때 안다훈은

○　영화 〈휴고〉의 대사

정말 냄새라도 맡은 거였을까? 실패의 냄새 말이다.

추구의 플롯

영상도서관에서 ‹안녕, 용문객잔›이라는 영화를 봤다. 내일이면 문을 닫는 복화대극장의 마지막 하루를 담은 영화였다. 복화대극장의 마지막 상영 영화는 ‹용문객잔›. 몇 안 되는 관객 중엔 백발이 된 ‹용문객잔›의 두 배우 먀오티엔과 시천이 있다. 극장 로비에서 만난 두 사람은 쓸쓸한 안부를 나눈다. "이제 아무도 영화를 안 봐." "이제 아무도 우리를 몰라."

영화책방35mm의 마지막 영업일을 영화로 담는다면 어떨까. 영화책방35mm의 상징이었던 낡은 옷장에 붙일 폐기물 스티커를 손에 들고 엉엉 울던 날의 장면을 말이다. 그러니까 나는 지금 책방이 문을 열었다는 이야기가 아니라 문을 닫았다는 이야기를 하려는 것이다. 성공 스토리가 아닌 실패의 이야기를. 안다훈의 말대로라면 주인공의 이야기를.

영화책방35mm는 홍상수 감독의 아버지인 홍의선씨가 영화 촬영소를 운영하던 답십리 장안동에서 시작되었다. 허름한

창고를 개조해 스튜디오로 사용하던 답십리 영화 촬영소는 2개의 스튜디오와 연기실, 대기실, 녹음실, 현상실, 변전실, 식당, 커피숍, 욕실까지 갖춘 당대 최고의 최첨단 촬영소였으며, 촬영소장을 맡은 홍의선씨의 부인 전옥숙씨는 국내 최초의 여성 촬영소장이었다.° 홍의선·전옥숙 두 사람이 60여 편 이상의 영화를 제작했던 촬영소가 문을 닫으면서, 역사만 남은 거리에 '촬영소 사거리'라는 이름이 붙었다.

책방이 될 공간을 보러 갔던 날, 기름때가 덕지덕지 껴있고 퀴퀴한 곰팡이 냄새가 나던 공간에서 나는 잠시 허상을 본 것 같다. 내가 이곳에서 쓴 시나리오로 안다훈이 영화감독으로 데뷔하는 환영을. 나는 김은희, 안다훈은 장항준이 되어있는 푸르른 미래를 말이다. 성지 순례하듯 젊은 영화인들이 책방을 찾아오면 나는 겸연쩍은 미소로 호호 웃으며 그들을 반기겠지. "어서오세요. 영화책방35mm입니다. 호호." 안다훈은 12년간 방치된 건물을 보자마자 어떤 냄새를 맡았다. 실패의 냄새였다. "역에서 너무 멀어. 버스까지 타야 되잖아. 유명한 맛집도 없는데 여기까지 찾아오는 사람이 있을까?" 누가 인증 받은 개코아니랄까 봐.° 그의 후각은 정확했다. 2년 후 영화책방35mm는 문을 닫았다.

영화책방이 문을 닫은 이유, 그러니까 내가 실패한 이유는 2년 전 안다훈이 말한 그대로였다. 내가 김은희라면 모를까. 온라인으로 주문이 가능한 책을 군이 전철과 버스를 갈아타는 수고로움을 감내하면서 구입하러 올 사람은 많지 않았다.

물론 어떤 실패든 단 하나의 요인이 이유가 될 수는 없다. 오프라인 서점은 수익적으로 살아남기 쉽지 않은 업종이다. 책은 매출 대비 수익이 30퍼센트밖에 남지 않는다. 이마저도 10퍼센트 저렴한 가격에 구입할 수 있는 온라인 서점과의 경쟁에서 이기기 쉽지 않다. 사적인서점을 운영하는 정지혜 대표의 계산법에 따르면 책값을 평균 15,000원으로 잡았을 때, 한 권당 서점에 남는 금액은 3,750원. 월세 100만 원과 나의 생활비 100만 원을 벌기 위해서는 매달 533권을 팔아야만 한다.● 하루도 쉬지 않고 매일 18권을 팔아야 맞출 수 있는 숫자다. 그렇게 일해 봐야 내 손에 들어오는 돈은 100만 원인 구조니 책방 운영은 필연적으로 성공과 거리가 멀다.

촬영소 사거리는 안다훈이 아닌 누가 봐도, 앞으로 보고 옆으로 봐도, 대충 실눈을 뜨고 봐도 실패가 예정된 자리였다. 거기서 책방을 열었으니 결과는 빤했겠지. 그래도 이번에는 다를 줄 알았다. 벌이는 일마다 기대와는 영 딴판으로 흘러가버리는 게 내 인생일지라도 좋아하는 일을 열심히 하면 다를 줄 알았지. 좋아하는 일을 하면서도 망할 수 있다는 걸 알고 싶지 않았단 말이야! 아무래도 내 피에는 실패의 DNA가 흐르는 것 같다며 질질 짜는 내게 안다훈은 말했다.

"실패는 주인공의 이야기야."

울음을 삼키며 뭐? 하고 물으니 주인공은 원래 찾으려던

○　　한국영화인 정보조사

❍　　안다훈은 조향사 자격증 소지자다.

●　　정지혜, 『사적인 서점이지만 공공연하게』, 유유, 2018

것과 전혀 다른 것. 훨씬 중요한 어떤 것을 얻게 되는데 표면적으로는 목표 달성에 실패한 것처럼 보이지만 내면적으로는 깨달음을 얻는다는 말이었다. 김영하의 『여행의 이유』에서 읽었다고 했다.°

　　　　아씨.. 김영하.. 근데... 근데 성공도 주인공의
　　　　이야기잖아.

　　실패하는 주인공의 이야기란 말하자면 '추구의 플롯'이다. 여행기에서 가장 많이 쓰이는 추구의 플롯은 주인공이 어떤 목적을 가지고 여행을 떠났다가 기대와는 전혀 다른 깨달음을 얻고 돌아오는 구조로 지어진 이야기다. 파랑새를 찾아 집을 나선 미틸과 틸틸이 모험 끝에 돌아와 보니 파랑새는 집에 있더라는, 결국 행복은 항상 곁에 있다는 깨달음을 얻게 되는 동화 「파랑새」가 대표적인 추구의 플롯이다. 그러니 영화책방35mm를 운영하던 2년의 시간 동안 원하는 목적은 이루지 못하고 좋아하는 일을 하면서도 망할 수 있다는 깨달음을 얻은 나는 추구의 플롯에 등장하는 주인공인 셈이다. 김영하는 "설령 우리가 원하던 것을 얻지 못하고, 예상치 못한 실패와 시련, 좌절을 겪는다고 해도 그 안에서 얼마든지 기쁨을 찾아내고 행복을 누리며 깊은 깨달음을 얻"기 때문에 인생과 여행이 신비로운 거라고 했다. 맞아. 다 맞는 말이야. 맞는데... 나는 실패하는 주인공 말고 성공하는 주인공이고 싶단 말이야.

영화책방35mm가 그나마 2년이라도 버틸 수 있었던 건 '옷장영화관' 덕분이었다. 영화책방35mm는 책방 공간과 영화 상영 공간이 분리되어 있었는데, 두 공간을 연결시켜주는 통로에 옷장을 놓아 문으로 사용했다. 루시가 미지의 세계 나니아로 넘어가듯 옷장 문을 열면 새로운 공간이 펼쳐졌다.◑ 나에게 영화란 그런 의미였다. 가지 못한 곳, 경험하지 못한 세계를 영화로 대신해왔다. 우리는 이곳을 '옷장영화관'이라고 불렀다. 옷장영화관에서 보낸 시간은 실패가 자명한 때에도 실패라는 사실을 잊게 했다. 그 순간들 때문에 나는 또 실패의 이야기를, 주인공의 이야기를 기꺼이 써내려가는 거겠지?

이 이야기에 반전은 없다. 내 인생에도 반전을 기대하긴 힘들 거다. 아무래도 내 피에는 실패의 DNA가 흐르는 게 확실한 것 같다. 왜냐하면 영화책방35mm의 문을 닫자마자 망원동에 또 책방을 열었기 때문이다. 나는 아마 평생 짠맛만 보다가 너덜너덜한 깨달음 한 문장을 손에 쥐고 다음 실패의 길을 떠날 게 분명하다. 그래도 어쩌겠어.

실패가 주인공의 이야기인걸.

○ 김영하의 『여행의 이유』는 안다훈의 최애 책이다.

◑ 영화 〈나니아 연대기〉

장벽을 허물다

강릉 바닷가 마을에 사는 열한 살 소녀, 보리. 보리는 코다^{CODA}°
라서 가족 중 유일하게 소리를 들을 수 있다. 방과 후엔 아빠와
단둘이 낚시를 가고, 격주 일요일마다 짜장면을 시켜 먹으며 소
박한 일상의 행복을 누리지만, 수어로 표현하고 공감하는 엄마
아빠 동생 사이에서 '나만 다르다'는 소외감과 외로움을 느낀다.
영화 〈나는보리〉는 매일 아침 서낭당에 들려 자신도 '청각을 잃
게 해달라'고 소원을 빌던 보리가 바다에 빠진 뒤부터 들리지 않
는 척 연기를 하면서 벌어지는 작은 소동을 담고 있다.

    "소리를 잃고 싶기나 해?"
    "그래서 바다에 뛰어들었잖아."

°   Children Of Deaf Adults. 농인 부모에게서 태어난 청인 자녀

"근데 지금 들리잖아."

"그러니까. 나도 잘 모르겠어. 집에 있으면 혼자인 거 같고 또 엄마랑 아빠랑 정우 보고 있으면 되게 행복해 보여. 뭔가 나만 다른 사람 같은 거?"

영화는 2020년 5월 정식 개봉했지만 내가 보리를 만난 건 그보다 조금 이른 2019년 8월 정동진독립영화제에서였다. 매년 8월 첫째 주 금요일부터 일요일까지 진행되는 정동진독립영화제는 '별이 지는 하늘, 영화가 뜨는 바다'라는 슬로건처럼 바닷가 근처에 위치한 정동초등학교에서 해가 지는 저녁에 시작해 밤까지 이어지는 야외 영화제다.

별이 반짝이는 밤하늘 아래, 초등학교 운동장 한복판에 캠핑의자를 펴고 앉은 나는 〈나는보리〉가 상영되기를 기다리며 끔뻑끔뻑 무거운 눈꺼풀을 들어 올렸다. 35도를 웃도는 후덥지근한 대낮의 열기는 감쪽같이 사라지고 시원한 바람이 불어왔다. 밤 11시가 넘은 시각, 어느덧 마지막 영화만을 남겨둔 관객들은 익숙함이 스며든 저마다의 포즈로 여름밤을 즐기고 있었다.

영화는 보리의 고민을 통해 장애, 비장애와 상관없이 집단 안에서 누구나 경험할 수 있는 '다름'에서 오는 감정을 다루고 있다. '소리를 잃고 싶다'는 보리의 소망은 영화를 만든 김진유 감독의 어린 시절 소망이었는데, 감독 본인이 코다이기 때문이다. 감독은 보리처럼 제1의 언어를 수어로 습득해 집에서는 수어를, 학교에서는 음성언어를 사용했다. 보리가 단오제에서 길을 잃었을 때 부모님이 안내방송을 듣지 못해 난감해하는 장면, 옷가게 점원이 농인인 어머니에게 바가지를 씌우는 장면도 감독의 경험에서 비롯되었다.

영화가 끝난 후 김진유 감독과 보리 역의 김아송 배우, 부모 역의 곽진석, 허지나 배우 등 10명의 배우가 참여하는 GV가 이어졌다. 밤 12시가 넘어가고 있었지만, 운동장 모래 먼지에 떼꾼했던 얼굴들이 다정하게 반짝였다.

아빠 역을 연기한 곽진석 배우와 김진유 감독이 처음 만난 장소도 정동진독립영화제였다. 강릉 주문진에서 나고 자란 김진유 감독은 2008년 정동진독립영화제에서 자원 활동가로 일하고 있고, 당시 영화 〈우린 액션배우다〉로 영화제를 찾았던 곽진석 배우와 처음 만났다. 그런 두 사람이 11년 후 배우와 감독으로 참여한 영화로 정동진독립영화제의 GV 무대에 섰다는 이야기를 전하는 김진유 감독의 얼굴이 스크린에 일렁였다. 누군가의 생에 몇 없을 장면을 관객으로서 목격하고 있는 이 밤이 새삼 감격스러웠다.

〈나는보리〉는 정동진독립영화제에서는 물론이고 청각장애인이 전국 상영관 어디서든 영화를 관람할 수 있도록 한글 자막이 포함된 버전으로 개봉되었는데, 네이버 시리즈온의 가치봄 영화관에서는 화면해설까지 더해진 배리어 프리 버전으로도 제공된다는 사실을 뒤늦게 알고 다시 찾아보았다.

배리어 프리 버전의 오프닝 장면은 이렇게 시작되었다.

♪철썩철썩~ 파도치는 소리♪

♬부드럽고 서정적인 음악♬

♪쏴아~ 파도치는 소리♪

'구름 한 점 없이, 그야말로 티 없이 맑은 하늘을
배경으로 열한 살 소녀 보리의 모습이 화면 안에
들어온다. 까맣고 긴 생머리, 작은 얼굴, 분홍색
꽃무늬가 뿌려진 원피스 차림에 양쪽 어깨엔 분홍색
가방 끈이 걸려있다. 보리는 양팔을 조금 벌리고
평균대 위를 걷는 것처럼 밑을 내려다보며 천천히
걸음을 뗀다. 보리는 왼쪽 손목에 노란색 캐릭터
손목시계를 찼고 가방에 매단 인형이 옆구리에서 달랑
달랑 흔들리고 있다.'

♪짹짹~ 지저귀는 새소리♪

'보리가 문득 걸음을 멈추고 전방을 바라보더니 방긋
웃으며 손을 흔들어준다. 그리곤 다시 발걸음을 옮겨
서서히 화면 밖으로 사라진다.'°

　　화면해설까지 더해진 배리어 프리 버전으로 영화를 본 건
처음이었다. 음성언어를 한글 자막으로 바꾸어 영화제, VOD, 스
트리밍 채널에 제공하는 단체인 '오롯, 영화를 읽는 사람들'에서

자막 제작 봉사를 해왔기 때문에 한글 자막 버전은 익숙했지만, 화면해설은 다른 갈래의 문학처럼 들렸다.

자막 제작에서 가장 중요한 건 '간결함'이다. 한국어와 한국수어의 어순과 문법이 다르기 때문이다. 따라서 자막 제작 시 가독성과 이해도를 높일 수 있도록 간결하고 짧게 작성해야 한다. 자막의 양이 많다면 두 줄로 나누어 쓰거나 다음 화면에 타이핑해 넣어야 한다. ♪효과음♪은 일상적인 모든 장면에서 묘사할 필요는 없지만, 극에 필요하다고 생각되는 소리의 경우에는 ♪부아앙, 뱃고동 소리♪처럼 직접적 소리 묘사와 함께 쓴다. ♬배경음악♬은 가사가 있는 노래가 아니라면 음악의 전체적인 분위기, 혹은 악기 연주로 표현할 수 있다. 효과음과 배경음악 역시 최대한 간결하게 제시하는 게 중요하다.

그렇다면 화면해설에서 가장 중요한 부분은 무엇일까? 최근 이상진 감독의 영화 〈다정함의 세계〉의 화면해설 대본 작업에 참여한 김달님 작가가 떠올랐다. 달님에게 〈나는보리〉의 오프닝 화면해설을 바탕으로 색 표현이나 시각적인 형용사를 사용해도 되는지 물었다. 달님은 색깔은 지양하는 편이지만 형용사든 색이든 관람객이 상상력을 최대한 동원할 수 있도록 구체적이고 풍성한 어휘를 사용하는게 좋다고 배운 내용을 일러주었다. 영화 초반에 주인공의 이름과 생김새에 대한 정보를 먼저 말해주어야 하고, 시간과 장소, 계절이 바뀌면 다른 정보보다 우선

○ 배리어 프리 영화는 시각장애인을 위한 음성해설과 청각장애인을 위한 자막이 동시에 제공된다. 본문에서 청각장애인을 위한 자막은 (음표)자막해설(음표)로, 시각장애인을 위한 음성해설은 작은 따옴표(" ")로 표기했다. 영화 〈나는보리〉에서는 수어가 언어로 자주 등장하므로, 시각장애인을 위한 음성해설에서 수어를 건네는 모습을 음성해설로 표기한다. → 편집자주

해서 알려주는 것이 좋다고도 했다. 〈나는보리〉의 오프닝에서 보리의 외모나 옷차림을 자세히 묘사한 것도 이런 이유에서였다.

　〈나는보리〉의 화면해설은 달님이 설명해준 일반 화면해설과는 조금 달랐다. 보리의 가족은 음성언어 대신 시각적인 언어인 수어로 대화를 나눈다. 화면해설은 대사 사이사이 풍경이나 인물의 동작을 묘사하거나 분위기를 살리는 역할을 하는데, 〈나는보리〉에서는 풍경뿐 아니라 농인의 대사에 해당하는 수어도 음성해설로 들려주어야 하기 때문이다. 예를 들면 이런 식으로.

　♪드르륵~ 문 열리는 소리♪

　'보리가 기척을 듣고 문을 쳐다본다. 엄마가 빙그레 웃으며 방에 들어오고 있다. 엄마는 침대에 걸터앉아 일어나 앉은 보리의 얼굴을 다정하게 쓰다듬어 준다. 엄마가 새끼손가락을 턱에 대는 수어로 괜찮은지 묻는다. 보리는 고개를 끄덕인다. 내일 시장에 가자는 엄마 말에 보리가 왜냐고 입모양으로 묻는다. 엄마가 옷도 사고 은행에도 가자며 어서 자라고 한다. 엄마는 즐거운 표정으로 미소를 지어보이고 보리가 침대에 눕는 모습을 확인하고서야 방을 나간다.'

　수어 대사를 대화체로 들려주는 부분에서는 "오늘 뭐?"

"자다. 먹다. 여기 낚시." "물고기 많아?" "아니. 오늘 더워. 물고기. 집. 휴식"처럼 한국말과 문법이 다른 수어의 특징을 살려 들려주었으며. 보리가 어른과 수어를 하는 장면에서는 목소리만으로 등장인물이 구별되어야하기 때문에 성우가 아이와 어른의 목소리를 구분해 연기했다. 벽을 허무는 예술은 다층적으로 섬세하고 부드럽게 예민한 작업이었다.

벌레 우는 소리, 장작불 타는 소리가 서라운드로 들려오는 가운데 스크린에서 새어나오는 빛에만 의지해 웃고 환호하고 박수치던 정동초등학교의 여름밤을. 〈나는보리〉를 보았던 정동진독립영화제의 풍경을 배리어 프리 버전으로 묘사한다면 어떨까.

♬밝고 경쾌한 음악♬
♪벌레 우는 소리♪

'어슴푸레하게 어둠이 찾아온 초저녁의 여름 하늘
아래, 대형 스크린이 초등학교 운동장 한 가운데에
설치되어 있다. 스크린을 바라보도록 놓인 수백 개의
간이 의자에 빈자리가 거의 없을 정도로 사람들이
차있다. 운동장 가장자리를 따라 설치된 텐트와 캠핑
의자, 돗자리에는 조금 더 편안한 자세로 앉아있는
사람들이 보인다.'

'보인다'라는 표현은 조심하는 게 좋다고 했던 달님의 말이 떠올라 다시 쓴다.

> '운동장 가장자리를 따라 설치된 텐트와 캠핑 의자,
> 돗자리에 자리를 잡은 사람들은 기대거나 누운 편안한
> 자세로 영화제가 시작되기만을 기다리고 있다. 운동장
> 군데군데에선 모기를 쫓기 위한 쑥불을 태우느라
> 연기가 뭉게뭉게 피어오른다.'

여기까지 쓰고 달님에게 묻는다. 어슴푸레, 뭉게뭉게, 켜켜이 같은 형용사를 써도 될까요? 달님은 시각장애인의 80퍼센트가 잔존시력이 있는 저시력 장애이니 일상생활에서 흔히 쓰이는 형용사는 맥락으로 이해할 거라고 말한다. 분위기를 살리는 구체적인 묘사는 필요하지만 본인이라면 '뭉게뭉게' 보다는 좀 더 이해하기 쉬운 표현을 썼을 거라고 일러준다. '뭉게뭉게'를 지우고 '퀴퀴한 연기가 피어오르다 금세 흩어진다'고 고친다.

> '스크린 뒤로 저 멀리 기차 한 대가 기적 소리를 내며
> 지나가고 있다.'
>
> ♪칙칙~ 기차의 기적 소리♪
> ♬점점 줄어드는 음악♬

'스크린을 향해 있던 조명이 일제히 꺼지고, 대화를
나누던 사람들도 숨죽여 스크린을 바라본다. 스크린
위로 커다란 글씨가 떠오른다.'

제 21회 정동진독립영화제

♪사람들의 함성 소리♪

망작의 미덕

아카데미 시상식 하루 전날 열려 '최악의 영화'를 선정하는 시상식이 있다. '관람료로 1달러도 아까운 영화'를 뽑자는 취지로 시작된 골든 라즈베리 시상식은 1981년 개최된 이후 40년의 전통을 이어오고 있는 꽤 진지한 시상식이다. 봉준호 감독의 〈기생충〉이 아카데미 시상식에서 작품상, 감독상, 각본상, 국제장편영화상을 휩쓴 2020년, 옆 동네에서는 영화 〈캣츠〉가 최악의 작품상, 최악의 남우조연상, 최악의 여우조연상, 최악의 감독상, 최악의 각본상, 최악의 스크린 듀오상을 차지하며 총 6관왕이라는 굴욕을 떠안았다. 제83회 아카데미 시상식에서 작품상과 감독상, 각본상까지 수상한 〈킹스 스피치〉와 제70회 골든 글로브 최우수 작품상을 받은 〈레 미제라블〉의 톰 후퍼 감독이라고 할지라도 "폭넓게 조롱당하는 고양이 털썩 쇼"라는 평을 피해 갈 수는 없었다.

　골든 라즈베리 시상식이 열리기 1년 전인 1980년, 뉴욕에서도 '최악의 영화제'라는 이름의 시상식이 개최되었다. 당대 '영화사상 가장 못 만든 영화'로 선정된 영화가 있었으니 에드워드 D. 우드 주니어, 일명 에드 우드 감독의 영화 〈외계로부터의 9호 계획〉이다.

2차 세계대전에 참전해 기록 영화를 만들던 에드 우드는 상업영화 제작을 도와줄 투자자를 찾아다니지만 열정에 비해 재능이 부족한 탓에 그 어떤 투자도 받지 못한다. 하는 수 없이 연출, 각본은 물론 편집과 제작까지 도맡아 영화를 찍는데 그렇게 만들어진 영화가 〈외계로부터의 9호 계획〉이다. 스토리는 그러니까... 요약하자면... 외계에서 온 존재가 지구의 무덤에서 시체를 소생시켜 지구인을 습격한다는 내용인 것 같은데... 도무지 설명이 불가한 이 영화는 팀 버튼 감독이 만든 전기 영화 〈에드 우드〉에서 확인할 수 있다.

에드 우드는 3일 동안 후루룩 쓴 각본으로 일주일 만에 촬영을 마치고, 배우가 대사 실수를 하거나 컨티뉴이티°가 맞지 않아도 다시 찍는 대신 중요한 건 디테일이 아니라 전체적인 그림이라며 밀어붙인다. 다른 영화사 창고에 숨어들어가 소품을 훔쳐오기도 하고 기록 영화에서 잘라온 필름을 이어 붙인 탓에 분에 넘치게 장황한 전투 장면이 등장하기도 한다. 되는 대로 촬영을 하다 보니 연출은커녕 스토리도 이어지지 않는다. 그 과정을 보고 있자니 최악의 영화라는 불명예에도 고개가 끄덕여진다.

"나의 착각이면 어떡하지? 재능이 없는 거라면?"

"평론 하나 갖고 뭘 그래?"

"오손 웰스는 26살에 〈시민 케인〉을 만들었어. 난 벌써 30이야. 평생 이렇게 살게 될까봐 두려워."

그런 영화를 만들어놓고 자신에게 재능이 없다는 사실을 아직 모른다는 점도 환장할 포인트이지만 자신을 역사상 가장 잘 만든 영화로 손꼽히는 〈시민 케인〉의 오손 웰스와 비교하다니. 이 자식의 재능은 영화가 아니라 자신에 대한 믿음이 아닐까 싶을 정도다. 에드 우드는 〈외계로부터의 9호 계획〉의 시사회에서 생각한다.

'이 작품으로 난 길이 기억될 거야.'

영화를 너무 못 만들어서 그 분야의 전설이 되었으니 에드 우드의 생각이 완전히 틀려먹은 건 아니었다. '영화사상 가장 못 만든 영화'로 선정된 건 그가 세상을 떠난 지 2년 후의 일이었다. 에드 우드가 살아있었다면 이 사실을 어떻게 받아들였을까? 영화 제작비를 투자받으려고 스태프를 단체로 데려가 세례까지 받게 할 정도였던 그는 아마 이렇게 말했을지도 모르겠다.

"그럼 상금으로 얼마를 주실 건가요?"

○　'연속성'이라는 뜻으로 영화에서는 배우의 옷이나 소품 등 장면의 연속성을 유지하는 것을 말한다.

에드 우드는 〈외계로부터의 9호 계획〉 이후 할리우드에서 고군분투했으나 성공을 거두진 못했다. 괴수, 누드 영화를 만들다가 알코올에 빠져 1978년 54세의 나이로 세상을 떠났다. 그리고 2년 후 최악의 감독이라는 타이틀을 거머쥔 후 오컬트 마니아들에게 그야말로 전설이 된다. 망작을 추종하는 팬덤이 형성된 것이다. 그러고 보니 망작만 찾아다니는 사람이 내 주변에도 한 명 있다.

씨네쿤은 내가 아는 한 망한 영화를 챙겨보는 유일한 영화인이다. 자신의 영화를 만드는 독립 영화감독이자 매주 개봉 영화를 다루는 팟캐스트 〈영화학개론 조별과제〉의 진행자이기도 한 그의 한줄평은 눈물 쏙 빼는 매운맛으로 유명하다. 상처에 고춧가루를 팍팍 뿌리는 그의 평을 읽고 있자면 내가 다 감독을 대신해 변호하고 싶어질 정도다.

'곰팡이 핀 꽃무늬 벽지'
'순진함과 멍청함, 그 사이 어딘가'
'올스타팀으로 똥 볼 차기'

포스터만 봐도 형편없을 게 분명한 영화를 굳이 시간을 들여 찾아본 뒤, 이런 감상을 남기는 이유는 뭘까? 날을 잡고 그의 특별한 취미활동에 대해 진지하게 물어봤더니 의외의 답변이 돌아왔다. 씨네쿤에게는 규칙이 있었다. 영화는 반드시 영화관에서 관람한다는 것. 훌륭한 영화인지 아닌지에 대한 판단은 정당한 비용을 지불한 후에 내린다. 어떤 영화든 한 명의 관객이 되어주고 싶어서다. OTT 서비스 이후 집에서도 충분히 영화를 볼 수 있지만 큰 스크린과 빵빵한 음향으로 감독의 연출의도를 요목조목 뜯어가며 즐기는 것이 최소한의 존중이라고 생각하기 때문이다. 그리고 무엇보다 망작'만' 본다고 생각하는 건 오해라는 점을 거듭 강조했다.

씨네쿤이 생각하는 망작이란 두 가지 조건을 충족하지 못하는 영화인데, 의외성이 없는 영화와 관객과의 약속을 지키지 못하는 영화다. 예상치 못한 무언가를 주지 못할 뻔한 영화라면, 장르라는 약속이라도 지켜야 한다는 의미다. 러닝 타임 동안 공포 영화에는 공포를, 코미디 영화에는 웃음을 기대하는 관객과의 약속을 잘 지키는 영화는 스토리가 뻔해도 괜찮은 영화라고 생각한다. 망작은 보기 전부터 강한 냄새가 나는데, 영화의 제작 규모에 비해 마케팅이 거의 없다면 일단 의심해 보아야 한다. 그런 영화는 거의 예외 없이 망작이다. 그럼에도 씨네쿤이 매번 속아 넘어가는 마음으로 영화관으로 향하는 건, 자신의 예상과 다른 영화를 보고 싶기 때문이다. 아주 훌륭한 영화는 아닐지라도 미덕이 있는 영화를 기다리고 있기 때문이다.

씨네쿤에겐 〈갤럭시 퀘스트〉가 그렇다고 했다. 결코 훌륭한 영화라고는 말할 수 없지만, 자신에겐 망작이라는 말로 설명할 수 없는 그 이상의 가치가 있는 영화라고.

〈갤럭시 퀘스트〉는 우주를 지키는 영웅의 이야기를 다룬

TV 시리즈 '갤럭시 퀘스트'를 실제 이야기로 착각한 외계인이 '갤럭시 퀘스트'의 배우들을 찾아와 위험에 처한 자신의 행성을 지켜달라고 부탁하면서 벌어지는 이야기다. 그저 연기일 뿐이었던, 이제는 한물간 늙은 배우들이 진정한 우주 영웅으로 거듭날 수 있을지가 관람 포인트인 이 영화는 씨네쿤의 말대로 훌륭한 영화는 아니었지만, 그가 말하는 '미덕'이 무언지 조금은 알 것 같기도 했다.

내가 생각하는 영화의 미덕은, 나의 가장 약한 부분을 건드리는 주인공을 만날 수 있다는 점이다. 나는 실패 이후에도 다음 단계로 나아가는 주인공에게서 용기를 얻는다. 나 또한 실패에 굴하고 싶지 않기 때문이다. 실패한 이후에도 씩씩하게 살아가고 싶기 때문이다. 씨네쿤은 자기 자신이 생각보다 별거 아니라는 걸 깨닫는 인물에게 약해진다고 했다. 영화를 찍다 보면 내가 별거 아닌 사람이고, 부족한 사람이라는 걸 느끼는 순간이 너무 많다고. 그래서 오답 노트를 펼쳐보는 마음으로 매주 영화관으로 향하는 거라고 했다. 마찬가지로 별거 아닌 자신을 탓하며 만들었을 감독의 부족한 것투성이인 영화에 한 명의 성실한 관객이 되어주기 위해서 말이다.

터무니없이 적은 제작비와 투자자의 간섭 때문에 힘겨워하던 에드 우드는 술집에서 우연히 제작비 때문에 골몰하는 오손 웰스를 만난다.° '그' 오손 웰스도 제작비가 떨어져 고민을 하다니! 에드 우드는 묻는다. 이럴 수가, 제 처지와 똑같군요. 웰

스 씨. 그래도 제가 계속 영화를 만들어야 할까요? 오손 웰스
는 답한다.

> "내가 소신대로 만들었던 작품이 뭔지 알고 있소?
> 〈시민 케인〉이오. 영화사에선 싫어했지만 한 장면도
> 건드리지 못했죠. 소신이 있다면 싸울 가치가 있는
> 겁니다. 왜 남의 꿈을 만드는데 인생을 낭비합니까?"

오손 웰스의 말에 감명을 받은 에드 우드는 촬영장으로 돌
아가 외친다. 배우들 자기 위치로! 어서 영화를 끝냅시다! 그렇
게 신나게 만들어진 영화가 '영화 사상 가장 못 만든 영화'라는
게 내 뒤통수를 후려치며 인생의 반전 없음을 시사하지만 아마
도 이게 이 영화의 미덕인 거겠지.

나는 씨네쿤에게 〈에드 우드〉의 한줄평을 부탁했다. 잠시
후 메시지가 도착했다.

'나는 부서진 사람들을 사랑해.'

○　실제로 에드 우드가 오손 웰스를 만난 적은 없다. 영화 내내 오손 웰스 타령을 하던
에드 우드에게 보내는 팀 버튼의 선물 같은 씬

별거 아니네

미국의 작은 마을 데리에는 27년을 주기로 아이들을 대상으로 한 실종사건이 발생한다. 사건의 범인인 '페니와이즈'는 매번 다른 모습으로 아이들 앞에 나타나기 때문에 특정 이름이 아닌 '그것(IT)' 이라고 불린다. 겁쟁이들로만 구성된 '루저 클럽'은 몇 달 전 실종된 빌의 동생 조지를 찾아다니다가 그것의 정체를 맞닥뜨린다.

"우리가 제일 무서워하는 모습으로 나타나는 걸까?"
"우리 모두 두려워하는 게 있잖아."

페니와이즈의 기본 복장은 광대지만 아이들이 공포를 느끼는 각각의 대상으로 변할 수 있다. 빌에게는 동생의 모습으로, 결벽증이 있는 에디에게는 세균 덩어리로, 랍비의 아들인 스탠에게는 얼굴이 괴이하게 일그러진 여성으로 보인다. '그것'은 아이들이 무서워하는 것이라면 무엇이든 될 수 있다. 〈해리포터와 아즈카반의 죄수〉에도 보가트라는 크리처가 등장하는데, 페니와이즈와 마찬가지로 마주치는 사람이 가장 두려워하는 형상으로 변한다. 마법사들은 보가트를 물리치기 위해 '리디큘러스!'라는 주문을 외친다. 보가트를 우스꽝스러운 모습으로 변화시켜 웃음으로 두려움을 떨쳐내게 해주는 원리다. 거미를 무서워하는 론은 주문을 통해 거미 다리에 롤러스케이트를 신기고, 스네이프 교수를 무서워하는 네빌은 여장한 스네이프 교수를 만들어낸다. 그럼 우리의 루저 클럽 친구들은 페니와이즈를 이겨내기 위해 어떤 주문을 외워야할까?

"공포심은 너무 너무 맛있어."

루저 클럽 회원으로 손색없을 정도로 겁쟁이인 나는 광대를 무서워한다. 페니와이즈에게 나는 불로소득 같은 거다. 수고롭게 변신할 필요도 없으니 말이다. 귀신에 대해선 갑작스러운 등장에 놀라기만 할 뿐 근본적인 두려움은 없는데, 광대는 가만히 서 있기만 해도 땀이 삐질삐질 난다. 원한을 품은 한국형 귀신들이 몸소 악을 심판하러 오는 반면 광대는 속내를 알 수 없기 때문이다. 내게는 착하게만 살아온 나를 귀신이 해하지 않을 거라는 강한 믿음이 있고, 조금 덜 무서운 표정을 지어준다면야 대화도 가능할 것 같다. 너는 왜 계속 여기에 나타나는 거야? 그랬구나. 근데 미안한데 눈 좀 살살 떠주면 안 될까? 입 옆에 피도 좀 닦아주면 고맙고. 광대는 이유 없이 웃는 얼굴로 등에 칼을 꽂을 상이다. 권선징악의 영향권에서 자라온 내게 맥락 없는 빌런의 공격은 공포 그 자체다.

이런 내가. 아무 잘못도 없는 아이들이 광대에게 잡아먹히는 영화°를 봐야한다니. 나는 안다훈이 집에 오기만을 기다렸다가 온 집안에 불을 다 켜고 나서야 모니터 앞에 앉았다. 걸어 다니는 공포 영화관. 호러마마 정마라⁹에 대한 글을 쓸 시간이었다.

정마라로 말할 것 같으면 오컬트 영화 목록을 줄줄이 읊는 오컬트 마니아이면서 지난밤 꾼 악몽을 잊을세라 머리맡 일기장에 기록하고, 여행지마다 공동묘지나 심령 스팟은 꼭 찾아다니는 진정성까지 두루 갖춘 공포 영화 시나리오 작가다. 정마라가 쓴 오싹한 장면. 특히 아내가 남편을 죽이는 장면을 읽다 보면 반려인의 안위가 걱정될 정도인데. 정마라가 원한다면 한밤중에 산속이든 빈집이든 어디든 동행한다는 그의 반려인도 보통은 아닌 게 확실하다.

그렇다고 정마라가 겁이 없는 건 아니다. 정마라는 잔뜩 무서워하면서도. 벌벌 떨면서도 눈을 떼지 않는다. 호기심이 공포를 이기기 때문이다. 지하실 문을 열지 말라는데 열어봤다가, 밖

° 〈그것〉

^⁹ 마라맛의 '마라'라는 의미이기도 하고. 폴란드어로 '악몽'이라는 뜻이기도 한 마라는 본인이 지은 닉네임이다.

에 나가지 말라는데 나가봤다가 가장 먼저 죽는 애가 바로 정마라다. 나라면 모든 사건이 해결될 때까지 눈 꼭 감고 옷장 속에 숨어 있을 텐데. 나는 내 등 뒤의 실체를 확인하고 싶지 않다. 상상만으로도 이미 충분히 무섭기 때문이다. 나는 정말로 궁금했다. 정마라는 왜 무서운데 용감해지는 걸까?

"별거인지 아닌지는 봐야만 알 수 있잖아요."

정마라가 기어코 지하실 문을 여는 이유, 문밖의 존재를 확인하려는 이유는 공포의 실체를 알아야만, 별거인지 아닌지 내 눈으로 봐야만 도망이든 극복이든 시도할 수 있기 때문이다. 공포의 대상 앞에서 눈을 돌리는 나 같은 사람이 있다면 무서운 걸 무서운 채로 남겨두지 않는 사람도 있다. 문 뒤에 있는 것이 별것 아니라면 다행이고, 별거라면 그때부터 용기를 내면 된다. 그러니 공포 영화가 성장 영화라던 정마라의 말도 영 틀린 소리는 아니다. 자신의 공포를 마주하고 극복하는 일이 가장 원초적인 성장이기 때문이다.

'본다'를 '한다'로 바꾼다면 경험도 크게 다르지 않다. 시도에 앞서 느끼는 불안감을 해소하기 위해서는 해보는 수밖에 없다. 내가 할 수 있는 일인지 아닌지는 해보지 않으면 알 수 없다. 정마라가 살면서 어떤 일이든 직면하는 쪽을 택해온 이유다. 하지 않는 편이 나은 일도 있었지만 어떻게든 어려움을 극복하는 방식으로 자신의 선택을 책임져왔다. 이 과정을 반복하며 성장해왔다는 믿음이 정마라에겐 있다.

그러고 보니 글을 쓰거나 영화를 만드는 일은 매번 옷장의 문을 여는 것과 같을지도 모르겠다. 창작이란 내 안에 있을지 없을지 모를 재능을 마주해야 하는 일이기 때문이다. 내게 재능이 없으면 어떡하지? 글을 쓰는 데에, 영화를 만드는 데에 들인 시간과 노력이 헛수고가 되면 어떡하지? 라는 두려움에 쉽게 시작하지 못하지만, 일단 작품을 완성하고 나면 재능은 큰 걸림돌이 아니라는 걸 알게 된다. 창작을 막는 요소는 재능 말고도 얼마든지 있다. 시간이, 열심이, 재능을 뛰어넘는 때가 온다. 창작을 지속할지 그만둘지는 그 다음의 이야기다. 다음이 있다면 말이지만.

'루저 클럽'의 아이들도 페니와이즈와 정면 승부를 하면서 알게 된다. 공포심을 먹고 사는 페니와이즈를 무력화하는 방법은 그를 무서워하지 않는 것뿐이라는 걸. 물론 페니와이즈를 무서워하지 않게 되기까지 울고 소리 지르고 도망치고 피 흘리는 시간을 견뎌야 했지만 영화의 끝에서 아이들은 두려움을 극복하고 성장한다.

그럼 나는? 겁쟁이 어른인 나도 아이들과 함께 성장했을까? 엔딩 크레딧을 멍하니 보고 있는 내게 안다훈이 다가와 물었다. "영화 어땠어?"

"페니와이즈도 벼.. 별거 아.. 아니네?"

영화처방사의 일일

내 이야기를 좀 해볼까. 나는 영화 에세이『삶의 어느 순간은 영화 같아서』출간 이후 '영화처방사 미화리'로 활동하고 있다. 영화처방이란. 상대가 고민을 들려주면 같은 고민을 가지고 있는 인물이 등장하는 영화 혹은 전하고 싶은 메시지가 담긴 영화를 선정해 소개하는 일이다. 인생의 경험치가 낮은 내가 감히 '처방'이라는 이름을 달고 활동할 수 있는 이유다. 영화에는 각각의 인물과 저마다의 선택과 거기서 펼쳐지는 삶이 있으니까. 섣부른 위로나 조언 대신 '이 인물은 당신과 같은 상황에서 이런 선택을 한답니다.' 하고 또 다른 삶의 가능성을 제시한다. 오직 나 한 사람만을 위한 영화 처방은. 나와 완전히 관련 없다고 믿었던 이야기가 순식간에 나의 이야기가 되어버리는 경험이다. 영화 속에서나 벌어지던 일이 영화로만 그치지 않는. 영화 속 인물이 내게 말을 걸어오는. '영화 같다'는 건 내게 그런 의미다.

　　본명인 이미화가 아니라 '미화리'가 된 이유를 설명하기

위해서는 드라마 〈나기의 휴식〉 속 미도리 할머니의 이야기가
필요하다.

〈나기의 휴식〉은 직장 동료, 애인, 가족의 눈치를 보느라 곤
란한 상황에서조차 제 할 말을 하지 못하는 '나기'가 도쿄에서의
모든 삶을 청산하고 철거를 앞둔 작은 맨션에서 휴가를 보내며
관계에서 자신을 잃어버리지 않는 방법을 찾아가는 과정을 보여
주는 일본 드라마다. 드라마의 엔딩에서 나기는 "휴식기 끝!"을
외치고 당당히 다음으로 나아가지만 이 드라마에서 내게 말을
걸어온 인물은 나기가 아닌 미도리 할머니다.

> "영화 좋아해? 난 영화를 아주 좋아하거든. 마침
> 영화를 빌려 온 참인데 우리 집에서 영화 한 편
> 보고 갈래?"

미도리 할머니는 울상인 나기에게 슬그머니 다가와 직접
만든 쿠키를 건네며 영화를 권한다. 남루한 차림으로 외출하는
탓에 혼자 늙어가는 독신 할머니의 말로라는 오해를 사지만, 실
은 몰라보게 정돈된 방에서 최고 사양의 장비로 고전영화를 감
상하며 나기를 비롯해 저마다의 고민으로 몸살을 겪는 맨션의
이웃들에게 문제 해결을 위한 힌트를 준다.

미도리 할머니를 보며 생각했다. 미래에 내가 어떤 사람이
되어있을지는 모르겠지만 할머니가 된다는 사실만은 분명하니

이왕이면 미도리 할머니처럼 넌지시 영화 한 편을 건네는 영화처방사 할머니로 늙어가고 싶다고. 내가 겪지 못한 일에 대해 입을 여는 대신 같은 사연을 지닌 영화 속 인물을 소개해주는 영화처방사 할머니. 일본에 미도리 할머니가 있다면, 나는 미화리 할머니가 되어야겠다고 말이다.

지난봄 왓챠피디아WATCHA PEDIA에서 진행한 영화처방 이벤트에 200명의 참여자가 고민을 보내왔다. 고민은 크게 꿈, 인간관계, 일, 자아로 나눌 수 있었지만 각각의 사연은 세세하게 달랐다. 저마다의 고민이 200명의 삶에 찰싹 달라붙어 있었다. 내가 영화처방 편지를 쓰는 데에 소모할 수 있는 물리적인 시간과 감정(누군가 털어놓은 내밀한 고민을 읽는 일은 그 자체로 감정과 에너지를 쓰게 된다)의 양을 고려해 25명의 고민을 선정하기로 했다.

특별히 신경 쓴 부분이 있다면 선정된 사연이 서로 모순되지 않을 것! 예를 들어 직장 덕분에 경제적으로 안정되었지만 하고 싶은 일이 아니라서 심적으로는 충족되지 않는다는 고민과 하고 싶은 일이 직업이 되었지만 경제적으로 불안하다는 고민은 동시에 선정하지 않는다. 평소에 진행해 온 영화처방은 고민 당사자만 편지를 확인할 수 있지만, 왓챠피디아 이벤트의 경우 익명의 다수에게 고민을 받아 책으로 출간하는 프로젝트이기 때문에 모든 사람에게 편지가 공개된다. 따라서 고민마다 내가 전하고자 하는 메시지가 부딪힌다면 처방의 진정성과 나에 대한 신뢰도가 깨질 수 있다고 판단했기 때문이다.

  한 편의 처방편지를 쓰기까지의 과정은 이렇다. 고민마다 떠오르는 영화를 엑셀로 정리한다. 왓챠피디아에 저장해둔 별점 목록을 참고하기도 한다. 내가 이미 공개적으로 몇 차례 소개했던 영화는 제외한다. 현실적인 망설임 없이 주인공을 응원하거나 삶을 긍정하는 영화(넌 무엇이든 될 수 있고, 인생은 아름다운 거야)도 제외한다. 근거 없는 낙관과 무조건적인 응원은 굳이 내가 목소리를 더하지 않아도 되기 때문이다. 내가 찜한 콘텐츠의 늪에서 절대 나오지 못하는 영화 목록도 훑어본다. 줄거리와 감상평을 살피면서 후보를 늘려나간다. 대강 목록이 추려졌다면 이제부터는 영화의 몫이다.

  내가 어떤 편지를 써야 할지는 영화를 다 보기 전까지 알 수 없기 때문이다. 영화 속 주인공에게는 이루고자 하는 목표가 있고 목표에 대한 열망이 서사를 이끌어나가는 엔진이 된다. 주인공이 목표를 이루거나 혹은 이루지 못했을 때 영화는 끝이 난다. 우리는 전자를 해피엔딩, 후자를 새드엔딩이라고 부른다. 나는 인물의 목표 달성 여부에는 크게 관심이 없다. 인간의 욕망은 너무나 복잡해서 목표를 이루어도 해피하지만은 않고 목표를 이루지 못해도 새드하지만은 않은 일들이 현실에 수두룩하기 때문이다.

  내가 영화를 보면서 높은 확률로 팔자 눈썹이 되는 부분은 인물이 변화하는 장면이다. 극을 이끌어가는 핵심인물은 어느 지점에 다다르면 목표 달성 여부와 상관없이 내적으로든 외적으로든 변화를 맞이하게 된다. 나는 인간이 언제 변화하는지가 궁금하다. 고쳐 쓰는 게 아니라는 인간이 스스로 고쳐지는 지점. 사람이 변화하는 데에 결정적인 역할을 하는 상황과 대사에 꼼짝없이 감화된다. 그 장면을 사연자에게 전달하기 위해 글로 묘사하는 시간이 영화처방사로서 누릴 수 있는 최고의 짜릿함이다.

기대했던 서사로 흘러가는 영화를 후보 1번에서 만날 수 있다면 다음 고민 사연으로 지체 없이 넘어갈 수 있지만 막상 열어보니 공식 줄거리와는 영 딴판인 영화도 더러 있다. 훌륭한 영화라는 데엔 이견이 없지만 이해하기에 너무 철학적이거나 예술적이라서 눈꺼풀을 껌벅이다가 계속 시계를 확인하게 되는 영화도 있다. 이럴 땐 최선의 영화를 찾을 때까지 무한의 영화 관람이 시작된다. 산처럼 쌓인 영화 목록이 먼저 무너질지 내 허리가 먼저 무너질지의 싸움인 것이다.

영화 〈하나 그리고 둘〉에 이런 대사가 나온다.

"현실에서는 희로애락이 공존하잖아. 영화는 현실과 닮아있어. 그래서 사람들이 좋아하지."
"그럼 뭐 하러 영화를 봐? 그냥 현실을 살면 되지."
"우리 삼촌이 이런 말씀을 하셨어. '영화가 탄생한 뒤로 인간의 수명은 3배 늘어났다.' 일상을 통해 얻는 것 말고도 영화를 통해 2배의 삶을 더 경험한다는 거지."

영화처방을 하는 동안 나는 해보지 않았던 고민을 하고, 가지 않았던 길을 걸어가며, 살아보지 않았던 삶을 산다. 위의 대사대로라면 나는 벌써 100살이 훌쩍 넘은 할머니인 셈이다.

영화처방 이벤트가 한바탕 끝이 나고 정말 할머니가 된 마냥 급속도로 무너진 허리를 부여잡고 있으려니 과거 대필 작가로 일하던 시절 무리하게 힐링 에세이를 대필하느라 정작 나는 힐링하지 못하던 때가 떠올랐다. 그때 친구가 뭐라고 했더라. '힐링 에세이 쓰다가 뒤지겠네.' 라고 했던가.

200개의 사연 가운데에는 이런 고민도 있었다. 다른 사람을 위로하는 직업을 가진 사람은 어디서 위로를 받아야 하는가에 관한 맥락이었다. "정작 작가님은 어디서 위로를 얻으시나요?"

영화에게 위로받는다고 말한다면 그건 조금 꾸며진 이야기. 나에겐 내가 쓴 문장들이 있다. 다른 사람을 향했던 문장이 시간이 지나 내게 돌아오는 일이 종종 있다. 오랜만에 꺼내 입은 바지 주머니 속에서 나온 동전처럼, 과거로부터 편지가 날아온다. 그리곤 꽤나 감동한다. 온 우주의 다정한 기운을 끌어와 쓴 문장에 스스로 위로받는다. 나, 이 일에 진심이었구나.

그러니 언젠가 같은 문제로 머리를 싸매고 있을지도 모를 나에게 위로를 보내듯 편지를 쓴다. 나만의 영화처방사 미화리 할머니가 되어.

1열 관객의 마음

이 책을 처음 집어 들었던 때를 기억한다. 제목을 보자마자 이런 생각이 들었으니까.

'미안하다고? 뭐가?'

『영화야 미안해』는 김혜리 기자가 10년 넘게 영화기자로 활동하면서 쓴 글 중 일부를 모아 엮은 책이다. "김혜리 씨가 어떤 영화를 비판할 때, 비판의 언어조차 너무 아름다워 그것이 비판이라는 사실을 순간적으로 잊게 된다."는 이동진 평론가의 말대로 영화를 향한 경외와 순정을 정제된 언어로 정성스럽게 담아낸 글을 묶은 아름다운 책이다. 그런 김혜리 기자가 영화에게 미안해한다고? 그가 느끼는 감정의 출처는 이랬다.

그러나 우리는 때로 우둔하고 게을렀습니다. 흥분의 신열에 시야를 흐린 적도 있을 겁니다. 마감의

속도에 쫓겨 마주앉고 싶었던 영화를 무뚝뚝하게
떠나보내기도 했고, 뒤늦게 보석을 발견하기도
했습니다. 영화의 밀도와 미덕에 합당한 대접을 하지
못하는 비례를 범하기도 했습니다.

　그러니까 김혜리의 미안함은. 영화평론가의 소명은 '한 영
화에 대한 감상을. 일반 관객보다 넉넉히 허락받은 특권과 시간
과 투자를 빌려 영화를 더 많이 보고 많이 읽은 한 사람의 전문
관객으로서 모든 영화에서 뭔가를 얻어내고 그것을 가능한 한
생생히 전하'는 것 일진데 '우둔하고 게을러서' 혹은 '어리석음
과 편견' 때문에 미처 찾아내지 못한 영화가 있을지도 모른다는
의미였다. 나는 김혜리가 아니라면 〈여고괴담 두 번째 이야기〉나
〈성냥공장 소녀〉〈소년은 울지 않는다〉와 같은 영화는 찾아보지
않았을 테고, 그에게 발견된 영화가 나를 발견했으니 김혜리가
나를 발견한 것이나 다름없다고 생각한다. 하지만 나라는 인물
과는 무관하게, 김혜리라서, 김혜리만이 느낄 수 있는 감정인 거
겠지? 라고 생각했는데 10년이나 더 지나서 만나게 된 거다. 영
화에게 미안하다고 말하는 또 한 명의 사람을.
　'서시'를 처음 만난 건 무브드바이무비 프로젝트를 글로 풀
어낸 책『당신이 나와 같은 시간 속에 있기를』의 북토크 자리에
서였다. 그때 만난 서시는 영화계의 홈마°였다. 독립영화의 GV.
무대인사에 참석해 대포 카메라로 배우의 사진을 찍는 홈마스
터. 그래서 서시가 나의 홈마였냐 하면 그건 당연히 아니고, 안

다훈의 단편 영화 〈셰익스피어 앤 컴퍼니〉를 우연히 보게 된 서시의 알고리즘이 그를 나의 북토크 자리까지 안내한 거였다.

서시의 홈마 활동은 2015년으로 거슬러 올라간다. 영화제와 GV에 자주 참석하던 청년 씨네필 서시는 자연스럽게 기존 1열 관객들에게 관심을 가지게 되었고, 카메라를 구입하면서 본격적으로 홈마 그룹에 속해 활동하게 된다.

영화계의 홈마 활동은 크게 상업영화의 무대인사와 독립영화의 GV로 나뉜다. 배우들이 하루에 모든 일정을 소화해야 하는 무대인사의 경우 스케줄에 따라 홈마도 함께 이동하며 촬영을 한다. 일반적으로 강서구―왕십리―코엑스―월드타워 방향으로 이어지는데 무대인사가 진행되는 영화관과 상영관이 일정하기 때문에 홈마마다 선호하는 관과 자리가 따로 생기기도 한다. 무조건 1열이 좋을 거라는 머글°의 뻔한 추측과는 달리 서시는 조명이나 의자 배치에 따라 사진이 잘 나오는 자리가 다르다고 했다. 구글 스프레드 시트에 영화관의 장단점을 정리해 두었다는 서시의 말에 고개를 주억이며 '왕십리 8관 중간열'을 받아 적었다.

서시의 주요 활동 영역은 독립영화의 GV 현장이다. 무대인사가 배우의 퀄리티 높은 사진을 찍고 싶은 개인의 욕구를 채우기 위함이라면, 독립영화 GV는 '기록'으로서의 의미가 크다. 스크린에서 곧 사라질 운명인 독립영화의 GV는 감독과 배우에

○　홈페이지 마스터의 준말. 고사양의 카메라로 찍은 사진을 팬들과 공유하기 위해 자신의 홈페이지와 SNS에 업로드 하는 팬을 지칭한다.

●　해리포터 시리즈에서 마법사가 아닌 '보통 인간'을 가리키는 용어이지만, 덕질을 하지 않는 '일반인'을 의미하는 말로 사용되기도 한다.

게도 기념적인 일이고, 그러므로 누군가는 이 장면을 기억하고 기록해주어야 한다. 서시는 그게 자신의 일이라고 말했다. 자신이 할 수 있는 건 사진 촬영뿐이니, 사진으로나마 그 순간을 남겨주고 싶다고. 그러니까 사진은 서시가 감독과 배우에게 보내는 응원의 메시지인 셈이다. 하지만 최근 일상과 일에 치여 GV는커녕 어떤 영화가 개봉했는지, 어떤 배우가 새롭게 등장했는지, 요즘 영화의 트렌드가 어떤지도 모르고 지내는 중이라며 영화에게 미안하다고 했다. GV에서 자주 보던 배우의 소식이 뜸해지면 마음이 무겁다고도 했다. 응원이 뜸한 자신의 탓인 것 같다고.

김혜리는 『영화야 미안해』에 영화평론이 영화에게 편지를 쓰는 행위라고 썼다. 독자가 그의 평론을, 편지를 읽음으로써 우체통에 넣을 수 있다고. 그런 식으로 느릿느릿 영화의 정체에 가까이 다가갈 수 있다고 말이다. 그러니까 우리는 영화의 옆에 있는 사람들인 거겠지. 영화를 만드는, 영화 그 자체인 사람이 아니라 영화에 더 가까이 다가가고 싶은 사람들. 다시 말해 관객인 사람들.

서시의 이야기는 이렇게 끝난다. 관객에서 영화감독이 되는 서사도, 홈마로서의 유명세도 없다. 관객에서 시작해 관객의 자리에서 끝이 나는 관객의 이야기가 전부다. 서시도 영화 한가운데로 뛰어들고 싶던 때가 없었던 건 아니다. 엔딩 크레딧에 이름을 올리고 싶었던 때가 있었지만, 관객의 자리에 남기로 결정한 건 레오 카락스의 영화 〈홀리 모터스〉를 보고 나서였다. 이런 영화를, 이해하면 한 대로 못하면 못한 대로 속 편히 볼 수 있는 건 관객의 특권 아닐까? 그러니 이대로 관객으로 남는 것도 충분하지 않을까? 영화를 꿈꾸기보다는 내 바운더리 안에서 지금의 내가 아는 것만을 빛낼 수 있는 존재가 되어야겠다고. 청년 씨네필 서시는 생각했다.

이 책도 이렇게 끝이 난다. 좋아하는 감독과 배우를 응원하기 위해, 1열에 앉아 목이 빠져라 본 영화를 반복해서 보는 관객의 이야기로. 어쩌면 이 책의 존재 이유는 이것일지도 모른다. 영화에게 미안함을 느끼는 관객이 영화의 존재 이유인 것처럼.

에필로그
당신의 좌석은 어디인가요?

코로나19는 예고 없이 나타나 다양한 산업 분야에 변화를 불러왔다. 영화 산업도 예외는 아니었다. 영화 〈당신의 좌석은 어디인가요?〉는 순식간에 삶이 변화한 영화인들이 좋아하거나 추억이 있는 좌석에 앉아 각자의 삶이 어떻게 변했고. 그동안의 변화에 어떻게 적응하고 있는지를 인터뷰 형식으로 담은 단편 영화다. 영화의 형식을 빌려 책에 등장한 인물들에게 질문을 던져보았다.

자주 이용하는, 혹은 선호하는 영화관과 좌석은 어디?
이유를 알려줘.

안다훈
CGV. 롯데시네마나 메가박스에 비해 스크린과 스피커 관리가
잘 돼 있는 것 같아. 선호하는 좌석은 G열 가운데. (정중앙보다

한 줄 앞) 스크린이 크게 보이는 걸 선호해.

씨네쿤
영화관은 언제나 '가장 가까운 영화관'을 선호해. 다만
롯데시네마는 제외, 대형 멀티플렉스 3사 중에서 사운드가 작게
느껴지는 곳이라. 좌석은 멀찍이서 관조적으로 보는 느낌이
좋아서 맨 뒤를 선호하다가 최근에는 조금 앞쪽이 좋더라고.
영화 속으로 빨려 들어가는 자체 아이맥스 효과를 만든 달까?

서시
집 근처 영등포 CGV. 특히 스타리움관은 대형관이라서 코로나
이후 관객들과 거리 유지도 돼서 애용하고 있어.

정마라
좌석은 D열 중앙. 시야에 걸리는 것 없이 오직 스크린만 꽉 차게
보는 것을 선호.

영화를 보기 전과 보고 나서 꼭 하는 루틴이 있어?

씨네쿤
보기 전에는 병적으로 화장실을 가. 광고 시간 동안 화장실을
세 번까지 간 적도 있어. 보고 나서는 짧든 길든 감상을 쓰는
습관이 있어. 쓰지 않고 그냥 넘기면, 결국에는 그 영화를
잊어버리게 되더라고.

정마라

영화 보는 중 루틴은 이야기적으로 변화 지점이 생기면 시계 확인하기.

영화관에서 같이 영화 보고 싶은 사람은?
(누구든지 가능하다는 전제하에)

안다훈

스티븐 스필버그. '영화의 신'과 함께.

씨네쿤

제임스 카메론. <터미네이터 3-기계들의 봉기>와 <터미네이터 4-미래 전쟁의 시작>과 <터미네이터-제네시스>를 보면서 본인이 남긴 유산이 갈수록 처절하게 망가져 가는 걸 제임스 카메론은 어떻게 반응할지 궁금해. 타란티노랑 로맨틱 코미디 같이 봐도 좋을 것 같고.

참기 힘든 영화관 빌런의 유형은?

안다훈

휴대폰 불빛 빌런. 나는 직접 가서 꺼달라고 말해. 나는야 휴대폰 불빛 빌런의 차단 빌런.

씨네쿤
휴대전화 켜서 다른 행위 하는 건 도저히 이해가 안 가. 휴대전화 보는 건 아예 영화 관람이랑 관련이 없잖아.

영화관에서 가장 처음 본 영화를 기억하고 있어?

안다훈
<라이온 킹>

씨네쿤
<쥬라기 공원-잃어버린 세계>

서시
평택극장에서 <해리포터와 마법사의 돌>

영화관에서의 이색적인 경험이 있다면?

안다훈
<마담 뺑덕>이라는 영화를 보다 중간에 프로젝터 고장으로
영화가 멈춘 적이 있어. 인터미션처럼 쉬는 시간을 갖고 다시
상영했어.

정마라
영화제 스크리닝 매니저를 몇 번 했었어. 영화제 준비 기간 동안

담당 영화관에서 상영할 영화들의 기술적인 컨디션을 미리
체크하고, 영화제 땐 시간에 맞춰 상영하는 것이 주 업무였는데
캄캄한 극장에 앉아 자막도 없이 영화제의 첫(?) 관객으로서
영화를 보는 일이 꽤나 인상적이었어.

영화관에서 다시 보고 싶은 영화와 그 이유는?

안다훈
<포레스트 검프>. 어렸을 때부터 정말 좋아했는데 극장에서
본 적이 없네.

씨네쿤
<스타워즈 에피소드 4-새로운 희망>과 <가디언즈 오브
갤럭시> 같은 나의 최애 스페이스 오페라들.

정마라
<매드맥스>는 영화관에서 볼 때가 가장 짜릿해.

서시
<소년 소녀를 만나다>. 오늘에서야 다시 그리워지는 영화.

내가 영화관 주인이라면?

안다훈
영국에서 바와 극장이 연결된 곳을 가본 적이 있어. 동네
사람들이 방문하는 편안한 바와 영화관의 조합을 만들어보고
싶어.

씨네쿤
솔직히 영화관 운영은 안 하고 싶어. 그게 일이 되고 관리 차원의
경험으로 넘어가면 지겨워질 것 같거든. 대신 진짜로 하게
된다면 요즘 대형 멀티플렉스의 망할 영수증식 티켓 좀
없애고 싶네.

정마라
공포 영화 전용관을 만들어서 여러 기획전과 이벤트를 열어보고
싶다. 생각만 해도... 너무 신나.

구독하는 OTT는?
OTT에게 하고 싶은 말이 있다면?

안다훈
넷플릭스, 디즈니플러스, 왓챠, 티빙, 웨이브, 스포TV,
쿠팡플레이, 유튜브프리미엄. 하나로 합쳐지면 안 되겠니? 내
지갑이 너무 얇아진다야.

씨네쿤

넷플릭스야, 돈 좀 허투루 쓰지 말아라! 왓챠야, 돈 좀 써봐라!
쿠팡플레이야, 사내 복지 좀 신경 써 봐라! 디즈니플러스야,
그 자막 좀 어떻게 해봐라. 웨이브야, 잘 안 들어가서 미안하다!
애플TV야, 넌 그냥 지금처럼만 해.

정마라

넷플릭스, 디즈니플러스, 왓챠, 웨이브, 티빙, 애플TV.
'내찜콘'*의 바다에서 꺼내줘.

＊   '내가 찜한 콘텐츠'의 줄임말

영화관의 미래는 어떻게 될까?

안다훈

오페라처럼 되지 않을까? 계속 존재하기는 하지만 소수의
사람들만 찾는 고급문화.

씨네쿤

영화관이 없어질 거라 생각하지는 않아. 다만 시간이 지날수록
점점 더 극장에서는 블록버스터 영화만 개봉되고, 로맨틱
코미디나 드라마 장르의 영화는 OTT로 흘러들어 가지 않을까.
극장주의자인 크리스토퍼 놀란이 <인터스텔라>에서 말했듯,
우리는 언젠가 답을 찾겠지. 그 답 안에 영화관이 여전히
남아있다면 좋겠네.

서시
사람들이 모여서 감정을 공유한다면 그곳이 '영화관'이라
정의될 것 같아. 관람환경은 열악할지 몰라도, 소규모 영화관이
각광받을 것 같아.

정마라
여전히 그 자리에.

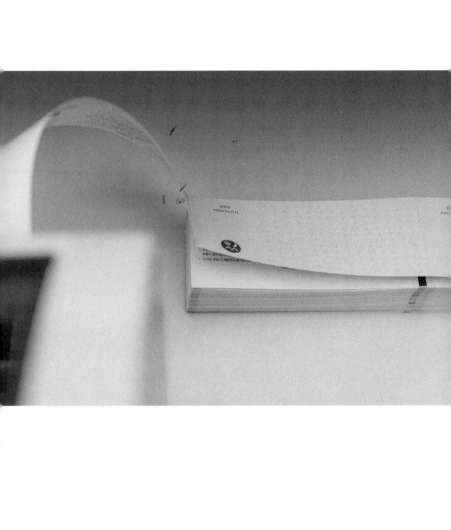

도시공간 시리즈
영화관에 가지 않는 날에도
이미화 지음

초판 발행 2022년 8월 15일

펴낸이 최선주
편집 김지연
디자인 스튜디오선드리
인쇄, 제책 세걸음

선드리프레스 info.sundrypress@gmail.com
신고번호 제307-2018-55호

ISBN 979-11-971518-4-2(04810)
979-11-971518-2-8 (세트)